dtv

Reihe Hanser

Wer den Mauerfall bewusst erlebt hat, ist heute erwachsen. Kinder und Jugendliche kennen die DDR nur noch vom Hörensagen. Aber was hören sie und von wem? Wie authentisch wirken zum Beispiel Ostalgie-Shows im Fernsehen?
Die Autorin dieses Buches war zehn, als die Mauer fiel. Sie erzählt die Geschichte der DDR von den Anfängen bis zum Ende 1989: von Staat und Gesellschaft, von großen Wirtschaftsplänen und Wahlen, die nicht wirklich welche waren, von Mauerbau und Reiseregelung und Staatssicherheit. Und sie erzählt von sich selbst, von den zehn Jahren, in denen die Geschichte der DDR auch ihre Geschichte war: vom Sandmann und den Thälmann-Pionieren, von Mangelware und Westpaket, von Fahnenappellen und der Timurhilfe. So ist ein besonderes Geschichtsbuch entstanden – objektiv und persönlich zugleich.

Susanne Fritsche, geboren 1979 in Altenburg/Thüringen, studierte Visuelle Kommunikation an der Bauhaus-Universität Weimar. Dieses Buch ist ihre Diplomarbeit, mit der sie den Studiengang abgeschlossen hat. Susanne Fritsche lebt in Berlin.

Susanne Fritsche

Die Mauer ist gefallen

Eine kleine Geschichte der DDR

Deutscher Taschenbuch Verlag

Das gesamte lieferbare Programm der *Reihe Hanser* und viele andere Informationen finden Sie unter www.reihehanser.de

2014 Deutscher Taschenbuch Verlag GmbH & Co. KG, München

Umschlagfoto: Corbis/Owen Franken
Layout und Satz: Susanne Fritsche
Lithos: Gloor GmbH, München
Druck und Bindung: Passavia, Passau
Gedruckt auf säurefreiem, chlorfrei gebleichtem Papier
Printed in Germany · ISBN 978-3-423-62578-4

Was denkst Du, wann war der Mauerfall? Weißt Du warum?

Die Mauer ist gefallen, weil die Menschen es nich mehr ertragen konnten geteilt zu sein.

Gesine Eichapfel (10 Jahre), Känguru-Schule Altenburg-Ehrenberg.
Aus: Fragebogen zum Thema DDR, ausgefüllt am 20. Februar 2003

Für meine Familie

Inhalt

Vorwort

Dieses Buch erzählt in knapper Form die Geschichte der Deutschen Demokratischen Republik (DDR), eine Geschichte, die bis zu meinem zehnten Lebensjahr auch meine war. Es handelt von der Entstehung der DDR und den damit verbundenen außen- und innenpolitischen Schwierigkeiten, von meiner Zeit als Pionier, von Mangelware und Westpaket, der Partei und der politischen Wende im Herbst 1989, die dazu führte, dass seit 1990 wieder deutsche Geschichte geschrieben wird. Deutsch-deutsch ist seitdem Vergangenheit.

Bevor ich die Arbeit an diesem Buch begann, machte ich mich auf die Suche nach Spuren der DDR-Vergangenheit. Im Straßenbild vieler ostdeutscher Städte war mir aufgefallen, wie viele Dinge dort noch zu sehen sind, die früher den Glanz der Deutschen Demokratischen Republik ausmachten. Sie sind heute nur noch Symbole einer anderen Zeit.

Die DDR ist Geschichte. Doch in den Gedanken und im täglichen Leben vieler Ostdeutscher ist sie auf vielfältige Weise noch gegenwärtig. Viele Ostdeutsche ziehen Vergleiche mit der früheren Zeit oder sehnen sich nach einzelnen Dingen zurück. Vor allem vermissten sie schon bald nach der Wende die vertrauten Ostprodukte. Was dem Westdeutschen das Nutella-Glas oder die Nivea-Creme ist dem Ostdeutschen der Nudossi-Becher oder die Florena-Creme. Da ist es unwichtig, dass vor der Wende das Nudossi auf dem Frühstückstisch meistens fehlte, da es nur selten zu erwerben war.

Ehemalige Leuchtreklame der Volkseigenen Möbelkombinate der DDR. Dieses Foto entstand im Februar 2003 in der Grünewaldstraße in Leipzig.

Dieses Schild steht in Mödlareuth. Der Ort wurde durch eine Mauer geteilt. Heute befindet sich dort ein Grenzmuseum.

Spuren der Vergangenheit finden sich auch in der Sprache. Ausdrücke wie »Westpaket« oder »Broiler« sind noch allgegenwärtig, und wie oft höre ich mich oder meine Mitbürger sagen: »Das ist ja wie zu DDR-Zeiten!« Merkwürdig ist nur, dass man das auch von Kindern und Jugendlichen hören kann, die nur kurze Zeit Einwohner der DDR waren oder sogar erst nach der Wende das Licht der ostdeutschen Welt erblickten. Während der Arbeit an diesem Buch befragte ich darum die neun- und zehnjährigen Kinder einer Schulklasse in Altenburg-Ehrenberg (Thüringen), was sie über die DDR wüssten. Der Wissensstand der Kinder war sehr unterschiedlich und offenbar abhängig davon, was sie im Elternhaus hörten. Das bestärkte mich in der Absicht, ein Buch zu schreiben, aus dem sich *alle* über die DDR informieren können.

Innerlich muss ich immer ein wenig lächeln, wenn Kinder und Jugendliche ihre heutige Welt mit der DDR vergleichen. Unwillkürlich denke ich dann darüber nach, aus welchen Teilen, welchen Erfahrungen und Erlebnissen sich *mein* Bild der DDR zusammensetzt. Bewusst habe ich nur meine Zeit als Pionier und die Ereignisse zur Wende erlebt. Um mich zu erinnern, las ich in meinen alten Schulbüchern und den Pionierzeitschriften, kramte Pionierbluse und Halstuch hervor und las in den alten Kinderbüchern, die in der Schule zur Pflichtlektüre gehörten.

Ich vervollständigte mein persönliches Bild, indem ich zahlreiche Museen und Gedenkstätten besuchte, mir ehemalige Grenzanlagen anschaute und den Führungen der Zeitzeugen zuhörte. Besonders beeindruckend war für mich der Besuch der Gedenkstätte in Berlin Hohenschönhausen. In dem ehemaligen Untersuchungsgefängnis der Staatssicherheit führen ehemalige Häftlinge durch das Gebäude und über das Gelände, das sie während ihrer Inhaftierung nie zu Gesicht bekamen. Sie berichten von der Haftzeit, die viele von ihnen in Einzelzellen verbrachten; ihr einziger menschlicher Kontakt war die Begegnung mit dem Gefängnispersonal und dem Vernehmer. Die Haftbedingungen und die Verhörmethoden entsprachen nicht den Regeln eines demokratischen Staates, der die DDR zu sein vorgab. Im Zeitgeschichtlichen Forum in Leipzig las ich von den Nachkriegsjahren und den Anfängen der DDR, um zu verstehen, mit welchen Ideen und Absichten sie einmal gegründet wurde. Im Museum »Die Runde Ecke« in Leipzig, das im Gebäude der ehemaligen Stasi-Zentrale untergebracht ist, berichtete ein Zeitzeuge von den Ereignissen im Herbst 1989 in Leipzig; er war dabei sichtlich gerührt und stolz auf den Mut seiner Mitbürger.

In diesem Buch verbinde ich meine eigene Vergangenheit mit der Geschichte der DDR. Ich schreibe über geschichtliche Fakten, um den Staat, in dem ich zehn Jahre lebte, besser zu verstehen. Diese Fakten verknüpfe ich mit meinen eigenen Erfahrungen, weil ich hoffe, dass sich so auch andere, vor allem Kinder und Jugendliche, ein Bild von der DDR machen können.

Zeitleiste

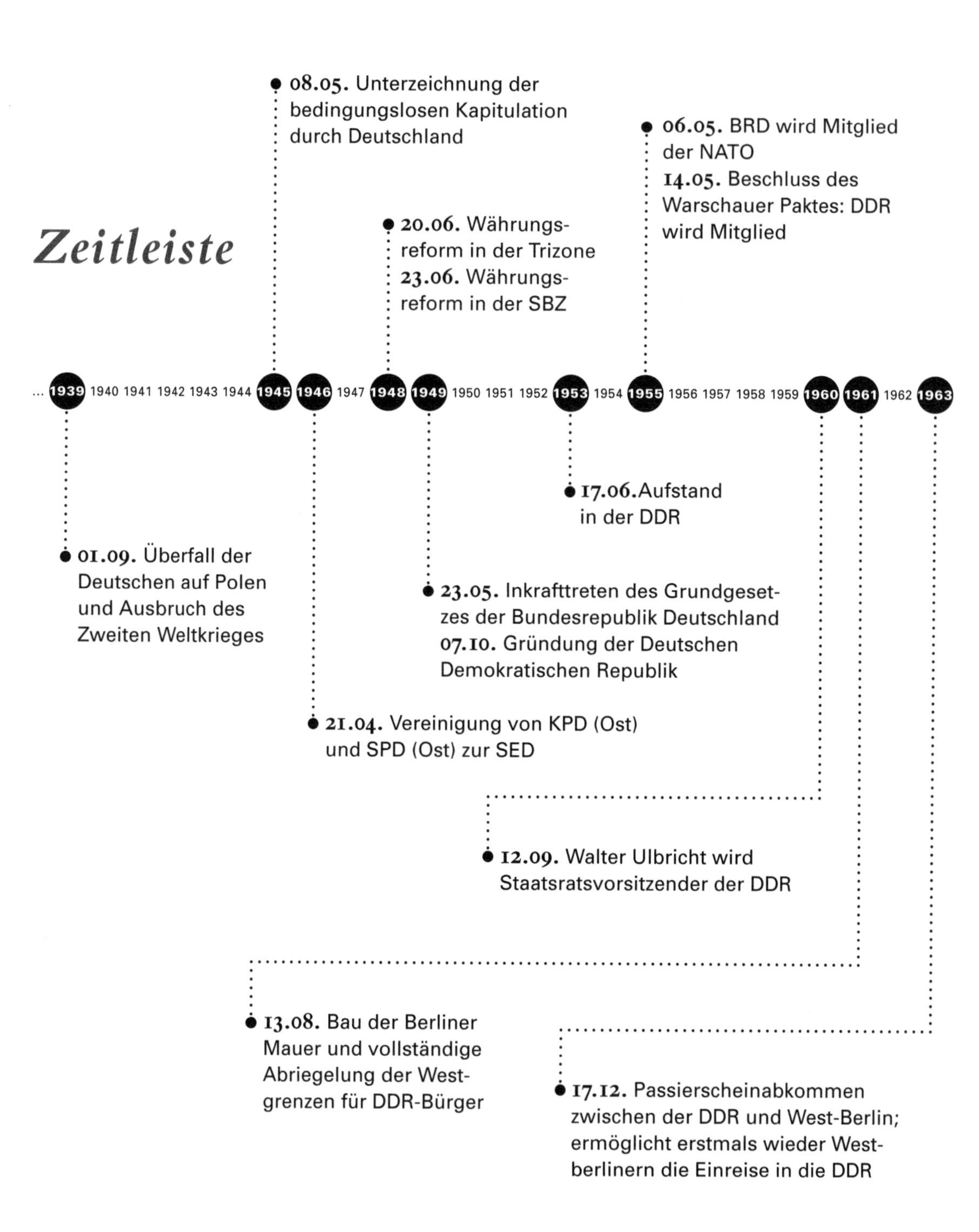

… 1939 1940 1941 1942 1943 1944 1945 1946 1947 1948 1949 1950 1951 1952 1953 1954 1955 1956 1957 1958 1959 1960 1961 1962 1963
01.09. Überfall der Deutschen auf Polen und Ausbruch des Zweiten Weltkrieges
08.05. Unterzeichnung der bedingungslosen Kapitulation durch Deutschland
21.04. Vereinigung von KPD (Ost) und SPD (Ost) zur SED
20.06. Währungsreform in der Trizone
23.06. Währungsreform in der SBZ
23.05. Inkrafttreten des Grundgesetzes der Bundesrepublik Deutschland
07.10. Gründung der Deutschen Demokratischen Republik
17.06. Aufstand in der DDR
06.05. BRD wird Mitglied der NATO
14.05. Beschluss des Warschauer Paktes: DDR wird Mitglied
12.09. Walter Ulbricht wird Staatsratsvorsitzender der DDR
13.08. Bau der Berliner Mauer und vollständige Abriegelung der Westgrenzen für DDR-Bürger
17.12. Passierscheinabkommen zwischen der DDR und West-Berlin; ermöglicht erstmals wieder Westberlinern die Einreise in die DDR

1964 1965 1966 1967 1968 1969 1970 **1971** **1972** 1973 **1974** **1975** **1976** 1978 1979 1980 1981 1982 **1983** 1984 1985 1986 1987 1988 **1989** **1990** …

1971
03.05. Erich Honecker wird Generalsekretär der SED

1972
21.12. Unterzeichnung des Deutsch-Deutschen Grundlagenvertrages

1974
02.05. Eröffnung der »Ständigen Vertretungen« in Bonn und in Ostberlin anstelle von Botschaften

1975
01.08. Unterzeichnung der KSZE-Schlussakte von Helsinki, unter anderem von der BRD und der DDR

1976
29.10. Erich Honecker wird Staatsratsvorsitzender der DDR

1983
29.06. DDR erhält Milliardenkredit von der BRD

1989
02.05. Öffnung der österreichisch-ungarischen Grenze
07.05. Wahlen in der DDR; Bürgerrechtler machen Wahlbetrug öffentlich
07.10. Feierlichkeiten zum 40. Geburtstag der DDR
09.10. bedeutendste Montagsdemonstration in Leipzig
04.11. erste offiziell genehmigte Demonstration der DDR in Ostberlin
09.11. Pressekonferenz mit Günter Schabowski und Mauerfall
28.11. Helmut Kohl stellt Zehn-Punkte-Programm zur Deutschlandpolitik im Deutschen Bundestag vor

1990
18.03. erste demokratische Volkskammerwahlen in der DDR
01.07. Währungsreform in der DDR
31.08. Unterzeichnung des Einigungsvertrages
21.09. Unterzeichnung des Zwei-plus-Vier-Vertrages durch die Besatzungsmächte und die beiden deutschen Staaten
03.10. »Tag der Deutschen Einheit«
02.12. erste gesamtdeutsche Wahlen zum Deutschen Bundestag

1. *Kapitel*

Überholen ohne einzuholen Diesen Leitspruch prägte Walter Ulbricht, Staatsratsvorsitzender der DDR. Er meinte, dass man das kapitalistische Wirtschaftssystem überholen wollte, jedoch auf dem sozialistischen Weg.

Besatzungspolitik in Deutschland nach 1945

Mit dem deutschen Überfall auf Polen begann am 1. September 1939 der Zweite Weltkrieg. Das nationalsozialistische Deutschland griff unter der Führung von Adolf Hitler weitere benachbarte Staaten an, um für das deutsche Volk, das in den Augen der Nazis allen anderen Völkern überlegen war, neue Gebiete zu erobern. Der Krieg weitete sich auf die ganze Welt aus.

Die Großmächte USA, Sowjetunion, Großbritannien und Frankreich besiegten die Nationalsozialisten und am 8. Mai 1945 unterzeichnete Deutschland die bedingungslose Kapitulation. Damit verfügten die **Alliierten** über die gesamte Staatsgewalt.

Schon vor der Unterzeichnung der Kapitulation trafen sich die Großmächte zu Konferenzen in Teheran und Jalta, um über den Umgang mit dem deutschen Staat nach dem Krieg zu beraten. Sie waren sich darüber einig, dass Deutschland auf Dauer entwaffnet werden musste und eine militärische Besetzung durch die Siegermächte auf unbestimmte Zeit erfolgen würde.

Am 5. Juni 1945 wurde der Alliierte Kontrollrat gebildet und die jeweiligen Staaten übernahmen die Verwaltungsaufgaben für ihre Besatzungszone (Zonenkarte auf Seite 20). Vom 17. Juli bis zum 2. August 1945 fand die Potsdamer Konferenz statt. Auf der Konferenz berieten die Alliierten über die Reparationen, das heißt Wiedergutmachungen für Kriegsschäden, und die territorialen Grenzen Deutschlands. Mit dem Potsdamer Abkommen wurde die Besatzungspolitik festgelegt.

Alliierte

Das Wort »alliieren« stammt aus dem Französischen und bedeutet sich verbünden.
Während des 2. Weltkrieges schlossen sich die USA, Großbritannien, Frankreich und die Sowjetunion zusammen, um die nationalsozialistische Herrschaft in Deutschland zu zerschlagen. Als Alliierte besetzten sie Deutschland und berieten, was mit dem deutschen Staat geschehen sollte. Die USA, Großbritannien und Frankreich waren die Westalliierten und vertraten gemeinsam ihre Interessen. Die Sowjetunion hatte andere Ansichten in Bezug auf Deutschland.

Deutschland war nun endgültig in Zonen aufgeteilt und die Verwaltung erfolgte durch die alliierten Staaten. Um die Bevölkerung zu ernähren und den Lebensstandard nach den schweren Kriegsjahren wieder herzustellen, musste man wirtschaftliche Aktivitäten entwickeln. Die zwei Großmächte USA und Großbritannien schlossen sich aus diesem Grund zur Bizone zusammen, etwas später entstand mit Frankreich die Trizone. Am 20. Juni 1948 wurde in der Trizone eine Währungsreform durchgeführt. Der Wert des Geldes wurde neu bestimmt, um die wirtschaftliche Situation zu stabilisieren und den Schwarzmarkt einzudämmen. Die USA war bald darum bemüht, in den Zonen der Westmächte eine eigenständige Entwicklung der Politik zuzulassen und eine Regierung einzusetzen. Aus der Trizone wurde mit Inkrafttreten des Grundgesetzes am 24. Mai 1949 die Bundesrepublik Deutschland (BRD).

Die **Sowjetunion** war mit der Politik der anderen Siegermächte nicht einverstanden. Als Reaktion auf die eigenständige Währungsumstellung in der Trizone führte die **SMAD** in der Sowjetischen Besatzungszone (SBZ) drei Tage später ebenfalls eine Währungsreform durch. Die Forderungen der Sowjetunion zielten auf eine Wiedervereinigung der beiden Teilstaaten, um für sich in Europa eine stabile Situation herzustellen. Die Westalliierten fürchteten, dass Deutschland zu stark werden könnte und

Sowjetunion
1917 fand in Russland die kommunistische Oktoberrevolution statt. 1922 wurde die Sowjetunion gegründet; im Laufe der Jahre gehörten ihr 15 Unionsrepubliken an. Nach den Umwälzungen 1989 ging aus der Sowjetunion 1991 die Gemeinschaft Unabhängiger Staaten (GUS) hervor.

SMAD
Abkürzung für Sowjetische Militäradministration in Deutschland. Die SMAD übernahm die Verwaltung der sowjetischen Zone (SBZ). Am 10. Oktober 1949 wird die SMAD durch die Sowjetische Kontrollkommission (SKK) ersetzt, da die Verwaltung an die DDR-Regierung übergeben wurde.

lehnten die sowjetischen Forderungen ab. Außerdem waren in den Besatzungszonen unterschiedliche politische Systeme eingeführt worden, die einer Wiedervereinigung im Wege standen. Aus der SBZ wurde am 7. Oktober 1949 die Deutsche Demokratische Republik. Damit war die Teilung Deutschlands besiegelt.

Die Alliierten konnten sich in ihrer Politik nicht einigen. Die Sowjetunion war ein kommunistischer Staat, die anderen Alliierten standen für westliche Demokratien mit einem kapitalistischen Wirtschaftssystem. Dadurch standen sich an der innerdeutschen Grenze bald zwei Gesellschaftssysteme gegenüber, die sich immer weiter voneinander entfernten. Der **»Eiserne Vorhang«** zog sich zu und aus den ehemaligen Verbündeten wurden Gegner.

Der **»Kalte Krieg«** begann und in den nächsten Jahren erfolgte eine stetige Aufrüstung. Die Besatzungsmächte bedrohten sich gegenseitig mit ihrer militärischen Macht. Besonders die USA und die Sowjetunion schafften zahlreiche Waffen an, um ihre Stärke unter Beweis zu stellen. Das so genannte Wettrüsten nahm seinen Lauf. Dieses Wettrüsten war abhängig von der wirtschaftlichen Situation der Staaten und den jeweils amtierenden Politikern. So kam es immer wieder auch zu Phasen der Entspannungspolitik und zu Abrüstungsvorhaben.

»Eiserner Vorhang«
1946 prägte Winston Churchill, damals britischer Staatschef, diesen Begriff. Er meinte damit die Grenze zwischen der Einflusssphäre der Sowjetunion und den westlichen Staaten.

»Kalter Krieg«
Kalten Krieg nennt man eine Auseinandersetzung, die nicht direkt mit Waffen ausgefochten wird, sondern mittels Propaganda, Diplomatie und wirtschaftlicher Behinderungen.

Am 30. April 1945 wurde auf dem Reichstagsgebäude in Berlin die sowjetische Flagge gehisst.

Auf beiden Seiten wurden Militärbündnisse geschaffen. Die **NATO** war und ist ein Bündnis kapitalistischer Staaten. Der **Warschauer Pakt** war ein Bündnis kommunistischer und sozialistischer Staaten.

Die Politik der Großmächte, vor allem der USA und der Sowjetunion, beeinflusste bis 1989 die Politik und Entwicklung der beiden deutschen Staaten. Die deutschen Regierungen vertraten von Anfang an die verschiedenen politischen Auffassungen in den Besatzungszonen. Sie verabschiedeten jeweils eine eigene Verfassung.

NATO
Abkürzung für North Atlantic Treaty Organization (Nordatlantikpakt). Zehn westeuropäische Staaten, die USA und Kanada unterzeichneten am 4. April 1949 den NATO-Vertrag und bildeten dieses militärische Schutzbündnis.

Warschauer Pakt
Am 14. Mai 1955 schlossen sich die Länder Albanien, Bulgarien, Polen, Rumänien, die Tschechoslowakei*, Ungarn, die Sowjetunion und die DDR zu diesem Bündnis zusammen, um ihre Streitkräfte zusammenzufassen.

* Am 1. Januar 1993 entstanden die Tschechische Republik (Tschechien) und die Slowakische Republik (Slowakei) als eigenständige Staaten.

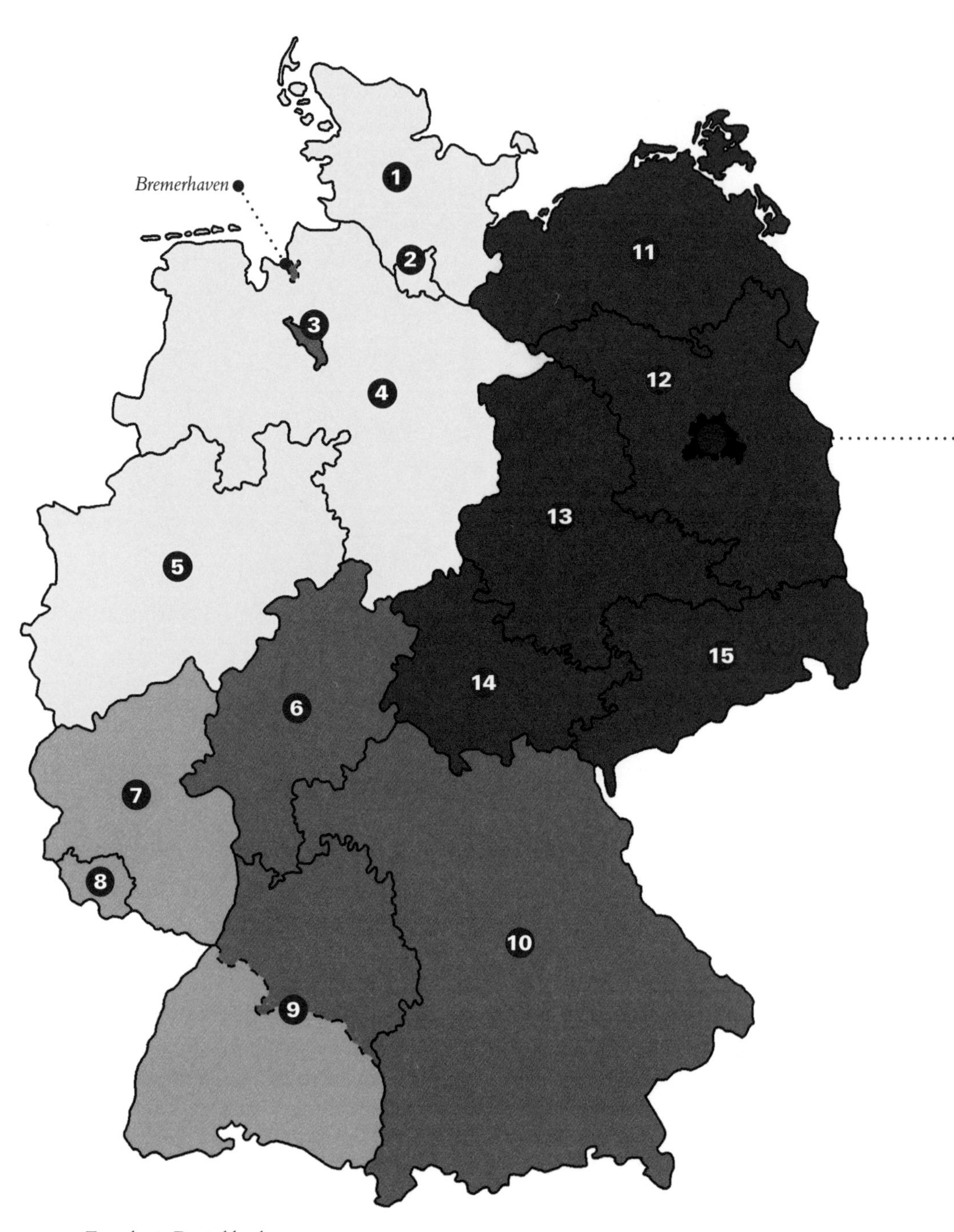

Zonenkarte Deutschland

Einteilung der Besatzungszonen

- Britische Besatzungszone
- Französische Besatzungszone
- Amerikanische Besatzungszone
- Sowjetische Besatzungszone

1. Schleswig-Holstein
2. Hamburg
3. Bremen
4. Niedersachsen
5. Nordrhein-Westfalen
6. Hessen
7. Rheinland-Pfalz
8. Saarland
9. Baden-Württemberg
10. Bayern
11. Mecklenburg-Vorpommern
12. Brandenburg
13. Sachsen-Anhalt
14. Thüringen
15. Sachsen

Zonenkarte Berlin

- Britischer Sektor
- Französischer Sektor
- Amerikanischer Sektor
- Sowjetischer Sektor

Berlin

Die Aufteilung Berlins erfolgte in Sektoren. Ein freier Grenzübertritt war möglich, da Berlin einen Sonderstatus besaß. In jedem Sektor war ein Stadtkommandant des jeweiligen alliierten Staates tätig.

Während des Zweiten Weltkrieges war Berlin zunächst von der Sowjetunion besetzt worden. Die Alliierten einigten sich auf die Aufteilung Berlins; im Austausch wurden die von den Amerikanern eingenommenen Gebiete Thüringen und Sachsen und das von den Briten eingenommene Mecklenburg der sowjetischen Besatzungszone zugeteilt.

Gründung der BRD

Mit Inkrafttreten des Grundgesetzes am 23. Mai 1949 wurde aus der Britischen, der Französischen und der Amerikanischen Besatzungszone die Bundesrepublik Deutschland (BRD), als Regierungssitz bestimmte man Bonn.

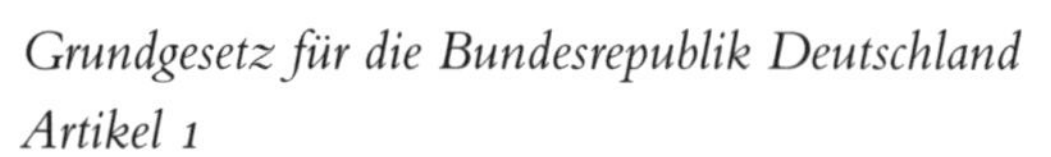

Grundgesetz für die Bundesrepublik Deutschland
Artikel 1
(1) Die Würde des Menschen ist unantastbar. Sie zu achten und zu schützen ist Verpflichtung aller staatlichen Gewalt.
(2) Das Deutsche Volk bekennt sich darum zu unverletzlichen und unveräußerlichen Menschenrechten als Grundlage jeder menschlichen Gemeinschaft, des Friedens und der Gerechtigkeit in der Welt.
(3) Die nachfolgenden Grundrechte binden Gesetzgebung, vollziehende Gewalt und Rechtsprechung als unmittelbar geltendes Recht.

Das Grundgesetz wurde für das gesamte Deutschland verabschiedet, obwohl es natürlich nur für die BRD gelten würde. Die Bundesrepublik entwickelte sich als parlamentarische Demokratie mit einem kapitalistischen Wirtschaftssystem.

Die DDR gab sich eine eigene Verfassung. Wenn man die beiden ersten Artikel vergleicht, wird deutlich, wie unterschiedlich die Werte der beiden Systeme definiert sind.

Demokratie
In einer Demokratie hat jeder Mensch das Recht, seine Meinung frei zu äußern. Die politischen Vertreter werden vom Volk in freien und geheimen Wahlen bestimmt. Jeder hat das Recht, ein politisches Amt auszuüben.

Kapitalismus
Im Kapitalismus ist die Wirtschaft abhängig von denen, die das Geld besitzen. Dieses Kapital wird von den Besitzern angelegt auf einer Bank, die dann Kredite vergeben kann, oder es wird investiert. Investieren heißt, das Geld z. B. für einen Betrieb auszugeben, um es natürlich auch zu vermehren.

Gründung der DDR

Am 7. Oktober 1949 wurde aus der Sowjetischen Besatzungszone die Deutsche Demokratische Republik (DDR), als Hauptstadt bestimmte man Berlin, d.h. den sowjetischen Sektor. Gleichzeitig wurde auch die Verfassung der DDR verabschiedet. Diese Verfassung wurde 1968 überarbeitet; das folgende Zitat stammt aus der überarbeiteten Fassung.

Verfassung der Deutschen Demokratischen Republik
Artikel 1
Die Deutsche Demokratische Republik ist ein sozialistischer Staat deutscher Nation. Sie ist die politische Organisation der Werktätigen in Stadt und Land, die gemeinsam unter Führung der Arbeiterklasse und ihrer marxistisch-leninistischen Partei den Sozialismus verwirklichen.
Die Hauptstadt der Deutschen Demokratischen Republik ist Berlin.
Die Staatsflagge der Deutschen Demokratischen Republik besteht aus den Farben Schwarz-Rot-Gold und trägt auf beiden Seiten in der Mitte das Staatswappen der Deutschen Demokratischen Republik.
Das Staatswappen der Deutschen Demokratischen Republik besteht aus Hammer und Zirkel, umgeben von einem Ährenkranz, der im unteren Teil von einem schwarz-rot-goldenen Band umschlungen ist.

Im Artikel 1 der Verfassung ist der Führungsanspruch der Sozialistischen Einheitspartei Deutschlands (SED) verankert.

Sozialismus
Das ist, nach den Lehren von Karl Marx und Friedrich Engels, die Vorstufe zum Kommunismus. Alle Macht geht vom Volke aus, alles wird Volkseigentum. Aber im real existierenden Sozialismus der DDR wurden die Interessen des Volkes vom Staat unterdrückt. Die Wahlen waren nicht frei und geheim.

Kommunismus
In der Gesellschaftsform des Kommunismus wird alles zentral gelenkt und alle Menschen sind gleich. Aber im real existierenden Kommunismus der damaligen Sowjetunion wurden Menschen vom Staat für ihre Meinungsäußerung verfolgt und eingesperrt.

* Karl-Marx-Stadt heißt seit 1990 wieder Chemnitz. 1953 war die Stadt umbenannt worden.

Bezirke

Die DDR wurde 1952 in 14 Bezirke aufgeteilt. Berlin hatte als 15. Bezirk eine Sonderstellung aufgrund der Besatzungspolitik.
Die Bezirke wurden nach den Bezirksstädten benannt.

Die DDR besaß eine Fläche von 108.333 km² und 16,43 Millionen Einwohner (Angabe von 1989).

17. Juni 1953

Die SMAD begann schon 1945 mit der Umgestaltung der Gesellschaft in der SBZ nach sowjetischem Vorbild. Die DDR-Regierung führte in den Jahren nach der Staatsgründung die Neuordnung im Sinne des Sozialismus fort. 1952 teilte man die ehemaligen Länder in Bezirke auf. Die Wirtschaft wurde in eine staatlich gelenkte Planwirtschaft umgewandelt.

Die Versorgung der Bevölkerung mit Produkten des täglichen Bedarfs funktionierte nur schlecht, schuld daran war die einseitige Wirschaftspolitik. Sie war auf die Stahlindustrie ausgerichtet, die Produktion anderer Waren wurde vernachlässigt.

Mehr produzieren, gerechter verteilen, besser leben!

Losung vom II. Parteitag der SED 1947

Ab 1948 wurde die **Aktivistenbewegung** entwickelt, die zu einer Steigerung der Arbeitsleistung führen sollte. Der Staat bestimmte, wie viel der Einzelne leisten sollte, und die staatliche **Propaganda** unterstützte diese Bewegung.

Um den Aufbau der DDR voranzutreiben, beschloss die Regierung 1953, die Arbeitsnorm auf 110 Prozent zu erhöhen. Unter den Arbeitern kam es deshalb zu vereinzelten Unruhen und kurzen Arbeitsniederlegungen. Die Bauarbeiter der Berliner Stalin-Allee konnten die von ihnen geforderte Norm unter den gegebenen Arbeitsbedingungen kaum erfüllen.

Aktivistenbewegung
Die Aktivistenbewegung wurde mit dem Kohlehauer Adolf Hennecke begründet, der am 13. Oktober 1948 die Arbeitsnorm mit 387 % übererfüllte, nach entsprechender Vorbereitung durch die Staatsführung. Betriebe verliehen fortan den Titel »Aktivist der sozialistischen Arbeit« an Werktätige.

Propaganda
Mittels Flugblättern, Plakaten, Rundfunk und Fernsehen versucht eine Interessengemeinschaft, Menschen in ihrem Sinne zu beeinflussen.
Die DDR-Regierung versuchte die Bevölkerung von politischen Maßnahmen durch gezielte Propaganda im Sinne des Staates zu überzeugen.

Von der Sowjetunion lernen, heißt siegen lernen!

Diese Losung propagierte die DDR-Führung seit 1948.

Am 9. Juni 1953 stellte das Politbüro einen »Neuen Kurs« für die Wirtschaft vor, der die Versorgungssituation der Bevölkerung verbessern sollte. Die Normerhöhung aber blieb bestehen.

Die Bauarbeiter der Stalin-Allee in Berlin beschlossen daraufhin am 16. Juni 1953, gegen die **diktatorische** Wirtschaftspolitik zu protestieren, und verlangten vor dem Haus der Ministerien in der Leipziger Straße nach Verhandlungen mit der Regierung. Der Industrieminister Fritz Selbmann verkündete den protestierenden Arbeitern die Rücknahme der Normerhöhung.

Die Situation war so angespannt, dass die Menschen vom 17. bis 21. Juni 1953 in der gesamten Republik demonstrierten und streikten – erst nur gegen die Arbeitsnormen, dann auch gegen das politische System insgesamt. Am 17. Juni 1953 rollten in Berlin und in anderen Städten sowjetische Panzer, um den Aufstand niederzuschlagen. Der Ausnahmezustand wurde ausgerufen. Demonstrationen, Versammlungen und Kundgebungen wurden verboten. Eine Ausgangssperre wurde verhängt. Um weitere Aufstände zu verhindern, wurden tausende Personen festgenommen und viele von ihnen hart bestraft.

Die Menschen waren entsetzt, dass die Regierung mit sowjetischen Panzern gegen die eigene Bevölkerung vorging.

Der Aufstand war gescheitert.

Sowjetischer Panzer am Potsdamer Platz in Berlin

Diktatur
In einer Diktatur verfügt ein Einzelner oder eine Gruppe über die gesamte Macht im Staat, die notfalls mit Gewalt erhalten wird.
Diktatorische Staaten geben sich oft durch angeblich freie Wahlen einen demokratischen Anschein.

In der Leipziger Straße am 17. Juni 1953 in Berlin

Schon vor der Staatsgründung flüchteten Jahr für Jahr viele Menschen aus der sowjetischen Zone, da sie mit den politischen und wirtschaftlichen Entwicklungen nicht einverstanden waren. Die Zwangseinführung der Landwirtschaftlichen Produktionsgenossenschaften (LPGs) und die Einschränkung der privaten Wirtschaft verstärkten diese Fluchtbewegung. Nach dem 17. Juni 1953 stieg die Zahl der Flüchtlinge Richtung Westen sprunghaft auf 331.390 an.

Unter den Flüchtigen waren viele junge Menschen, viele Wissenschaftler und Fachkräfte, die der DDR beim Aufbau des Landes fehlten. Von 1949 bis zum 13. August 1961 entschlossen sich insgesamt 2.686.942 Menschen für ein Leben in der Bundesrepublik. Diese Entwicklung betrachtete die DDR-Führung mit großer Sorge, da die Wirtschaftskraft erheblich darunter litt. Es wurde eine folgenschwere Entscheidung getroffen.

13. August 1961

In der Nacht vom 12. zum 13. August 1961 riegelten Grenzpolizisten und Soldaten der DDR die Grenze zu Westberlin mit Stacheldraht ab; die Sowjetunion hatte dem zugestimmt. Die Grenze stand nun unter ständiger Bewachung. Wenn eine flüchtende Person nicht anders am Grenzübertritt gehindert werden konnte, auch nicht mit einem Warnschuss, durften die Grenzsoldaten auf die betreffende Person schießen.

In Berlin baute man eine zunächst zwei Meter hohe Mauer. Außerdem wurden die Fenster und Türen der an der Grenze liegenden Häuser zugemauert. Westberliner durften die Grenze zu Ostberlin ebenfalls nicht mehr überqueren. Reisende aus der Bundesrepublik hingegen durften weiterhin einreisen.

Die innerdeutsche Grenze war bereits seit 1946 bewacht, um den illegalen Personen- und Warenverkehr zu verhindern. Die Alliierten führten einen Interzonenpass ein, den man benötigte, um in eine andere Besatzungszone zu gelangen. Diese Pässe mussten beantragt werden und wurden nur für dringende familiäre oder geschäftliche Angelegenheiten ausgestellt.

In Berlin herrschte eine besondere Situation. Es gab einen täglichen kleinen Grenzverkehr, Menschen aus dem Osten arbeiteten im Westsektor und umgekehrt. Diesen freien Grenzübertritt nutzten viele Bürger zur Flucht in den Westen; die DDR-Führung beschloss, den **»Antifaschistischen Schutzwall«** zu errichten.

»Antifaschistischer Schutzwall«
Offizielle Bezeichnung der Mauer. Der Begriff wurde von der DDR-Regierung verwendet. Man begründete den Mauerbau mit dem Schutz vor dem Westen, der die DDR mit Hilfe von Spionage und Abwerbungen von Fachkräften ruinieren wolle. Die DDR-Regierung verbreitete deshalb gezielte Propaganda gegen den Westen. Der Begriff Mauer wurde nur umgangssprachlich verwendet und war offiziell nicht erwünscht.
Im Westen wurden für die Mauer die Begriffe Schandmauer und Schandsperre geprägt.

Durch die vollständige Abriegelung der Grenze wurden Familien und Freunde getrennt. In Berlin standen die Menschen sprachlos vor den Grenzpolizisten und schauten dem Unfassbaren zu. Viele versuchten trotzdem zu flüchten und sprangen in ihrer Verzweiflung aus noch nicht zugemauerten Fenstern. Andere gruben später Tunnel, um ihre Familie nach Westberlin zu holen.

Spekulationen über eine Grenzschließung hatte es schon länger gegeben. Für die meisten Menschen kam sie dennoch ganz unerwartet; am 15. Juli 1961 hatte **Walter Ulbricht**, der damalige Staatsratsvorsitzende der DDR, auf die entsprechende Frage einer Journalistin noch geantwortet:

> »Ich verstehe Ihre Frage so, dass es Menschen in Westdeutschland gibt, die wünschen, dass wir die Bauarbeiter der Hauptstadt der DDR mobilisieren, um eine Mauer aufzurichten, ja? Mir ist nicht bekannt, dass eine solche Absicht besteht, da sich die Bauarbeiter unserer Hauptstadt hauptsächlich mit Wohnungsbau beschäftigen, und ihre Arbeitskraft wird dafür voll ausgenutzt, wird voll eingesetzt. Niemand hat die Absicht, eine Mauer zu errichten.«

Walter Ulbricht am 15. Juli 1961 auf der Pressekonferenz in Ostberlin

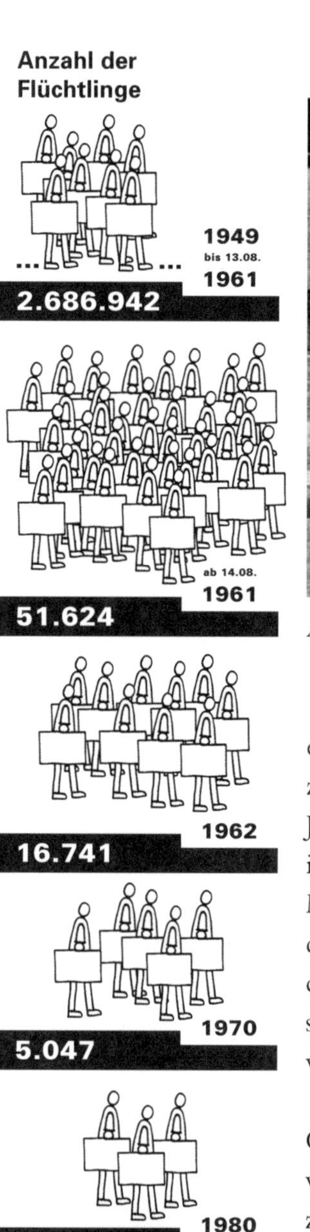

Anzahl der Einwohner der DDR	
1949:	18.793.000
1960:	17.189.000
1970:	17.068.000
1980:	16.740.000

Ab dem 13. August 1961 spielten sich in Berlin dramatische Fluchtszenen ab.

Da die vollständige Abriegelung der Grenze nicht so schnell erreicht werden konnte, flüchteten vom 14. August 1961 bis zum Ende des Jahres noch 51.624 Menschen. In den folgenden Jahren gingen die Flüchtlingszahlen stark zurück, da die Grenze immer besser gesichert wurde. Die Regierung begründete ihre Maßnahmen mit dem Schutz vor dem westlichen »Feind«, der die DDR angeblich ruinieren wolle. Viele Menschen konnten diese Begründung nicht glauben, aber nachdem im Jahr 1953 sowjetische Panzer gegen die eigene Bevölkerung eingesetzt wurden, hatten sie kaum den Mut zu einem öffentlichen Protest.

Der Mauerbau wurde nicht von allen Bürgern kritisiert. Die Grenzgänger, die in Westberlin arbeiteten und in Ostberlin wohnten, hatten durch den Umtauschkurs wesentlich mehr Geld zur Verfügung als ein Arbeitnehmer aus Ostberlin. Daher sahen einige den Bau der Mauer als gerechtfertigt an.

Die Vereinigung der beiden deutschen Teilstaaten, auf die manche noch hofften, war nun in unerreichbare Ferne gerückt, auch durch das Scheitern der Politik der Besatzungsmächte.

Lindenstraße in Berlin an der Grenze zum Stadtbezirk Kreuzberg einige Tage nach dem 13. August 1961

Reiseregelungen

Im Laufe der Jahre konnte man aufgrund der Grenzsicherung nur unter großer Gefahr flüchten. Der Grenzstreifen wurde mit Wachtürmen, Selbstschussanlagen und an der innerdeutschen Grenze teilweise mit Bodenminen ausgebaut.

Ab 1963 setzte eine Phase der Entspannungspolitik ein. Das Passierscheinabkommen regelte, dass Westberliner während der Weihnachtszeit den Ostteil besuchen durften. Berliner Familien und Freunde konnten sich nach zwei Jahren zum ersten Mal wiedersehen. Für Personen aus dem Westteil Deutschlands gab es zu keiner Zeit Einreisebeschränkungen.

Am 2. November 1964 beschloss die DDR-Regierung, dass Rentner der DDR eine Reiseerlaubnis beantragen konnten, um Verwandte im Westteil zu besuchen. Eine Besuchserlaubnis erteilte man auch wegen dringender Familienangelegenheiten, wie Todesfällen, oder Familienzusammenführungen. Andere DDR-Bürger versuchten **Ausreiseanträge** zu stellen, um dauerhaft in die BRD überzusiedeln.

Am 17. Dezember 1971 wurde ein Transitabkommen zur Regelung des »Grenznahen Verkehrs« verabschiedet. Am 21. Dezember 1972 folgte die Unterzeichnung des Deutsch-Deutschen Grundlagenvertrages, der eine Entspannung in Europa herbeiführen sollte. Die BRD und die DDR verpflichteten sich, auf der Grundlage der Gleichberechtigung normale gutnachbarliche Beziehungen zueinander zu entwickeln.

Ausreiseantrag

Einen Ausreiseantrag stellte ein DDR-Bürger, wenn er in die BRD übersiedeln wollte.
Die Antragstellung konnte schwerwiegende Folgen haben. Manche Menschen wurden von der Staatssicherheit inhaftiert, manche verloren ihren Arbeitsplatz. Manchmal wurden die Anträge nicht beantwortet, oder es dauerte Jahre, bis man ausreisen durfte.
Wenn die DDR-Führung die Erlaubnis zur Ausreise erteilte, musste man unter Verzicht auf das gesamte Eigentum die DDR dauerhaft verlassen.

Schlussakte von Helsinki

Am 1. August 1975 wurde in Helsinki die **KSZE**-Schlussakte unterzeichnet, unter anderem auch von Erich Honecker, dem damaligen Staatsratsvorsitzenden der DDR. Der Wortlaut des Papieres musste im »Neuen Deutschland«, der Tageszeitung unter Einfluss der SED, abgedruckt werden. Für die Menschen der DDR war der Artikel mit den Reisebestimmungen besonders wichtig. Sie hofften auf eine Reiseerleichterung.

> »Die Teilnehmerstaaten beabsichtigen, Möglichkeiten für umfassenderes Reisen ihrer Bürger aus persönlichen oder beruflichen Gründen zu entwickeln; zu diesem Zweck beabsichtigen sie insbesondere: schrittweise die Verfahren für die Aus- und Einreise zu vereinfachen und flexibel zu handhaben, die Vorschriften für Ortsveränderungen von Bürgern aus den anderen Teilnehmerstaaten auf ihrem Territorium flexibler zu gestalten, unter gebührender Berücksichtigung von Sicherheitserfordernissen.«
> (Auszug aus der KSZE-Schlussakte)

Die Anzahl der Ausreiseanträge stieg. Doch die Regierung setzte die Regelungen von Helsinki nicht um. DDR-Bürger, die sich in ihrem Antrag auf die Schlussakte beriefen, mussten mit ernsten Konsequenzen rechnen, wie zum Beispiel Nachteilen im Berufsleben; in manchen Fällen kam es zu Verhaftungen.

Erst im Jahr 1989 kam das System in Bewegung.

KSZE

Abkürzung für Konferenz für Sicherheit und Zusammenarbeit in Europa. Am 3. Juli 1973 wurde diese Konferenz von 35 Staaten in Helsinki begründet, mit dem Ziel, Fragen der Sicherheit in Europa zu klären und in weiteren Bereichen zusammenzuarbeiten. Am 1. August 1975 wurde die Schlussakte unterzeichnet.
1995 wurde die KSZE in OSZE umbenannt, Organisation für Sicherheit und Zusammenarbeit in Europa. Heute sind es 55 Mitgliedsstaaten, alle Staaten Europas, die Nachfolgestaaten der Sowjetunion, die USA und Kanada.

2. *Kapitel*

Ich habe wirklich gesucht, aber ein Foto von mir in Pionierkleidung konnte ich nicht finden.

Das Halstuch und die Pionierbluse trug man nur zu besonderen Anlässen in der Schule, zum Fahnenappell und zum Pioniernachmittag.

Beginn meiner sozialistischen Laufbahn

Die Kindheit in der DDR begann bei vielen mit den Erfahrungen in der Kinderkrippe. So auch meine.

Hier sollte die Erziehung zur sozialistischen Persönlichkeit beginnen. Als Kleinkind habe ich natürlich noch nicht verstanden, dass ich ausgerechnet in der Deutschen Demokratischen Republik geboren bin und was das bedeutet. Ich hatte keine Ahnung von deutscher Teilung, Mauerbau, Ausreiseantrag … Ich hatte allerdings auch noch keine Ahnung davon, dass meine sozialistische Laufbahn nur zehn Jahre dauern und ich nach der friedlichen Revolution im vereinten Deutschland weiterleben würde.

In den zehn Jahren habe ich trotzdem einige typische DDR-Erfahrungen gemacht. Ich wurde in die Pionierorganisation aufgenommen, lief auf Mai-Demonstrationen winkend an einer Tribüne vorüber, bastelte Glückwunschkarten zum Internationalen Frauentag …

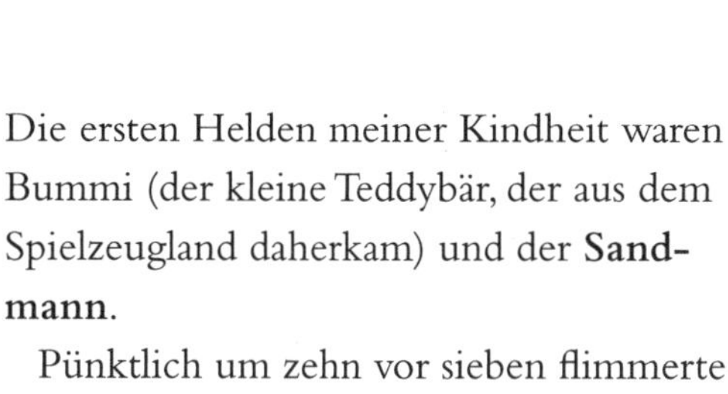

Die ersten Helden meiner Kindheit waren Bummi (der kleine Teddybär, der aus dem Spielzeugland daherkam) und der **Sandmann**.

Pünktlich um zehn vor sieben flimmerte am Abend der Fernseher und das Sandmännchen streute den Schlafsand in die müden Kinderaugen der Republik.

Vor den Gutenachtgeschichten von Tadeus Punkt, Frau Puppendoktor Pille und Pittiplatsch bestaunte ich die Reisen, die der kleine Fernsehheld unternahm. Das Sandmännchen flog mit einem Sputnik zum Mond, reiste zu Kindern in Vietnam, Indien und Russland, flog mit dem Flugzeug oder mit dem Hubschrauber, fuhr mit der Kutsche durch den Märchenwald. Der Sandmann reiste ebenso wie mein guter Freund Bummi in ferne Länder. Damals wusste ich noch nicht, dass es die DDR-Regierung ihren Bürgern nur in Ausnahmefällen erlaubte, außerhalb der sozialistischen Bruderländer zu verreisen.

Die Urlaubsziele meiner Kindheit waren die Tschechoslowakei, Ungarn, die Mecklenburger Seenplatte, der Bungalow meiner Großeltern an der Hohenwarte und der Ostseestrand. Es bedeutete für mich schon ein großes Abenteuer, auf den holprigen

Sandmann
Am 22. November 1959 hatte das Sandmännchen seinen ersten Auftritt im DFF. Die Figur des Sandmanns stammt aus dem gleichnamigen Märchen von Hans Christian Andersen. Nach der Wende wird weitergesendet. Engagierte Eltern haben sich dafür eingesetzt.

DFF
Abkürzung für Deutscher Fernsehfunk. Im Januar 1956 startete der Sendebetrieb in Berlin-Adlershof. 1969 kam ein zweites Programm hinzu.
Bis November 1989 unterstand der Sender dem Staatlichen Komitee für Fernsehen des Ministerrates der DDR.

Bummi hat Geburtstag, wir singen für ihn:

Weil heute dein Geburtstag ist

Worte: Robert Kurt Hängekorb
Weise: Siegfried Bimberg
Zeichnung: Inge Meyer-Rey

**1. Weil heute dein Geburtstag ist,
da haben wir gedacht:
wir singen dir ein kleines Lied,
weil dir das Freude macht.**

**2. Sogar ein bunter Blumenstrauß
schmückt heute deinen Tisch.
Wenn du den Strauß ins Wasser stellst,
dann bleibt er lange frisch.**

**3. Und wenn du einen Kuchen hast,
so groß wie 'n Mühlenstein,
und Schokolade auch dazu,
dann lad uns alle ein.**

Hebt dieses Liedblatt gut auf.
Freitags um 8.35 Uhr singt Dr. Sandig
mit euch im Berliner Rundfunk.

Abbildungen aus: ***Bummi****-Sammelband 33 von 1981*

Straßen unserer Republik in sechs Stunden mit dem Trabant aus dem Bezirk Leipzig an die Ostsee zu fahren. Wie viele Stunden musste es dann dauern, wenn man mit dem Trabi Indien erreichen wollte!

Meine Helden kamen aber nicht nur aus der DDR. Wenn man nicht im **»Tal der Ahnungslosen«** lebte, konnte man die »Sesamstraße«, »Pumuckl« und »Die Sendung mit der Maus« sehen. Im Kindergarten spielte ich mit meinen Freunden »Ein Colt für alle Fälle« oder »Agentin mit Herz«, beides waren damals Vorabendserien im ZDF. Und ich lachte mit meinen Brüdern über die Witze von Alf.

Die meisten Erwachsenen schauten jeden Abend zwei Nachrichtensendungen, zuerst lief um 19.30 Uhr die »Aktuelle Kamera« im Fernsehen der DDR und um 20.00 Uhr flimmerte die »Tagesschau« der ARD in die Wohnzimmer. Die Regierung der DDR war natürlich nicht erfreut, wenn die Bürger die »feindlichen« Medien konsumierten. Schließlich waren das die Gedanken des »Klassenfeindes«.

Bummi
Die Kinderzeitschrift Bummi wurde vom Zentralrat der FDJ über den Verlag Junge Welt herausgegeben und erschien von 1957 bis 1966 monatlich, danach zweimal im Monat.
Heute erscheint Bummi monatlich im Pabel-Moewig Verlag KG, Rastatt.

»Tal der Ahnungslosen«
Wegen der geografischen Lage konnte man im Raum Dresden und in einigen Gebieten Meckenlenburg-Vorpommerns kein Westfernsehen empfangen. Für die Abkürzung ARD wurde der Begriff »Außer Raum Dresden« geprägt.

Start ins Leben als Jungpionier

In der DDR wurde jedes Kind zum 1. September eingeschult, da die Sommerferien für alle Bezirke zur gleichen Zeit begannen und nach acht Wochen endeten.

Am 1. September 1985 wurde ich in die Polytechnische Oberschule »Erich Mäder« in Altenburg eingeschult, und jetzt sollte sie wohl richtig beginnen, die sozialistische Erziehung.

Blaues Halstuch der Jungpioniere

In der ersten Klasse bekam ich das blaue Halstuch umgebunden und legte das **Pionierversprechen** ab. Damit war ich offiziell als Jungpionier in die Pionierorganisation »Ernst Thälmann« aufgenommen.

Das war ein wirklich großer Moment, endlich gehörte ich auch dazu und konnte meinen Beitrag zur Verschönerung und Verbesserung unserer Republik leisten, gemäß dem ersten Gebot: »Wir Jungpioniere lieben unsere Deutsche Demokratische Republik.«

Das sollte ich eigentlich denken als guter Pionier. Doch das war in diesem Moment für mich vollkommen unwichtig. Meine Erinnerung sagt mir, dass meine einzigen Sorgen die gebügelte Pionierbluse und das richtige Binden des Halstuchs waren. An diesem Tag musste ich einen fürchterlichen blauen Pionierrock tragen; den würde ich nie wieder aus dem Schrank holen. Zum Glück war während meiner Schulzeit die **Kleiderordnung** nicht so streng.

Pionierversprechen
Um in der 1. Klasse in die Pionierorganisation »Ernst Thälmann« als Jungpionier aufgenommen zu werden, musste man in einer Feierstunde folgendes Pionierversprechen ablegen: »Ich verspreche, ein guter Jungpionier zu sein. Ich will nach den Geboten der Jungpioniere handeln.«

Kleiderordnung
Es gab Zeiten in der DDR, in denen das Tragen von Jeans und T-Shirts mit Werbeaufdruck verboten war. Diese Kleidungsstücke kamen vom »Klassenfeind«, aus dem Westen, und wurden als feindliche Propaganda angesehen. Manchmal wurden Schüler nach Hause geschickt und mussten sich umziehen.

DIE GEBOTE DER JUNGPIONIERE

Wir Jungpioniere ...

... lieben unsere Deutsche Demokratische Republik.
... lieben unsere Eltern.
... lieben den Frieden.
... halten Freundschaft mit den Kindern der Sowjetunion und aller Länder.
... lernen fleißig, sind ordentlich und diszipliniert.
... achten alle arbeitenden Menschen und helfen überall tüchtig mit.
... sind gute Freunde und helfen einander.
... singen und tanzen, spielen und basteln gern.
... treiben Sport und halten unseren Körper sauber und gesund.
... tragen mit Stolz unser blaues Halstuch.

Wir bereiten uns darauf vor, gute Thälmannpioniere zu werden.

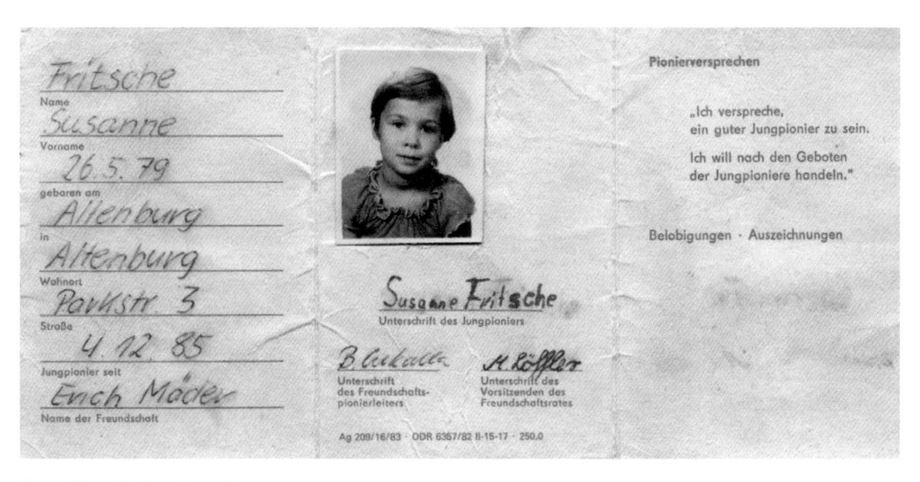

Fritsche
Name
Susanne
Vorname
26.5.79
geboren am
Altenburg
in
Altenburg
Wohnort
Parkstr. 3
Straße
4.12.85
Jungpionier seit
Erich Mäder
Name der Freundschaft

Susanne Fritsche
Unterschrift des Jungpioniers

Unterschrift des Freundschaftspionierleiters

H. Löffler
Unterschrift des Vorsitzenden des Freundschaftsrates

Ag 209/16/83 · DDR 6357/82 II-15-17 · 250,0

Pionierversprechen

„Ich verspreche, ein guter Jungpionier zu sein.

Ich will nach den Geboten der Jungpioniere handeln."

Belobigungen · Auszeichnungen

Mein Jungpionier-Ausweis

In der DDR zur Schule zu gehen und Pionier zu sein bedeutete nicht, dass man jeden Tag die **Pionierkleidung** tragen musste. Doch zur Erinnerung an den Pionierauftrag begann der Schultag jeden Morgen mit der Meldung: »Ich melde, die Klasse … ist (vollständig) zum Unterricht angetreten, es fehlen …« Für die Meldung war der Ordnungsschüler verantwortlich. Jede Woche kam ein anderer Schüler dran, nach der Reihenfolge im Klassenbuch. Vor Beginn des Unterrichts musste sich der Ordnungsschüler beim Lehrer erkundigen, weshalb Schüler fehlten. Dann stimmten wir ein Lied an. Meine Lehrerin sagte noch »Seid bereit!« und die ganze Klasse antwortete mit »Immer bereit!«, das war der Pioniergruß.

Zeichen der Jungen Pioniere

Pionierbluse mit blauem Halstuch

Von der ersten bis zur dritten Klasse war man Jungpionier.

Pionierkleidung der Jung- und Thälmannpioniere

»Unsere Pionierkleidung besteht aus einer weißen Bluse und dem dunklen Rock für Mädchen; aus einem weißen Hemd und der dunklen Hose für Jungen; dem Pionierhalstuch und dem dunkelblauen Käppi mit dem Pionierabzeichen für Mädchen und Jungen. Auf dem linken Ärmel tragen wir ein Pionierabzeichen.
Wir tragen die Pionierkleidung bei Pionierveranstaltungen, an Fest- und Feiertagen unserer Republik und zu besonderen Anlässen.«
Aus: Statut der Pionierorganisation »Ernst Thälmann«, 1987

Für Frieden und Sozialismus – Seid bereit! – Immer bereit!

Zum Pionierauftrag gehörte, dass sich alle Mitschüler um das Klassenkollektiv kümmerten. Ein Jungpionierrat bzw. ein Gruppenrat wurde für jedes Schuljahr gewählt. Er galt als Interessenvertretung der Schüler. Probleme in der Klasse wurden besprochen und schwächere Schüler sollten beim Lernen unterstützt werden. Die Mitglieder des Jungpionier- bzw. Gruppenrates bereiteten die Pioniernachmittage vor und übernahmen deren Leitung.

Wer nicht in die **Pionierorganisation »Ernst Thälmann«** eingetreten war, wurde von den Pioniernachmittagen ausgeschlossen.

Käppi für die Jung- und Thälmannpioniere

Pionierbluse mit rotem Halstuch

Von der vierten bis zur siebten Klasse war man Thälmannpionier.

Pionierorganisation »Ernst Thälmann«
Die Pionierorganisation wurde 1948 gegründet. 1952 bekam sie den Namen »Ernst Thälmann« verliehen, das äußere Zeichen war fortan das Rote Ehrenbanner mit den Bildnissen von Ernst Thälmann und Wilhelm Pieck. In die Pionierorganisation wurden die Schüler der 1. bis 3. Klasse als Jungpioniere und der 4. bis 7. Klasse als Thälmannpioniere aufgenommen.
In den 2. und 3. Klassen wurde der Jungpionierrat gewählt. Die Thälmannpioniere wählten den Gruppenrat und den Gruppenratsvorsitzenden.
Die FDJ übernahm die Leitung der Pionierorganisation.

In meine Klasse ging ein Junge, der in der Kirche war. Seine Eltern wollten nicht, dass er in die Pionierorganisation eintrat. Im Unterricht wurde er nicht ausgeschlossen. Er durfte nur die Mittwochnachmittage, die für den Pioniernachmittag vorgesehen waren, nicht im Klassenkollektiv verbringen.

Eltern, die in der Kirche aktiv waren, ließen ihre Kinder oftmals nicht in die Pionierorganisation eintreten. Die Kirche sollte in der DDR offiziell keine Rolle spielen. Der Staat übernahm die gesamte Kinderbetreuung. Junge Menschen gingen zum Beispiel nicht zur Konfirmation, sondern feierten die Jugendweihe.

Bevor ich in die Freie Deutsche Jugend (**FDJ**) eintreten konnte, musste ich noch eine Weile den **Pioniergruß** ausführen und die ABC-Zeitung lesen. Noch war ich Jungpionier.

Zeichen der Freien Deutschen Jugend

FDJ-Hemd

In der achten Klasse wurde man in die FDJ aufgenommen.

FDJ
Abkürzung für Freie Deutsche Jugend. Die FDJ wurde am 7. März 1946 als sozialistische Massenorganisation der Jugend gegründet. Die Aufnahme erfolgte in der achten Klasse. Das Zeichen der FDJ waren das Blaue Banner mit der aufgehenden Sonne und das blaue FDJ-Hemd.

Pioniergruß
»Unser Pioniergruß lautet: ›Für Frieden und Sozialismus – Seid bereit! – Immer bereit!‹ Wir führen den Pioniergruß aus, indem wir die rechte Hand mit geschlossenen Fingern über den Kopf erheben.«
Aus: Statut der Pionierorganisation »Ernst Thälmann«, 1987

Mein Halstuch

Gerhard Holtz-Baumert

Mein Halstuch ist blau
wie die Blume,
die im Korn am Feldrand steht,
und blau wie die Sonnenfahne,
die vor unserer Schule weht.

Mein Halstuch ist blau
wie meiner Mutti
allerschönstes Kleid
und wie die Ostsee, die blaue,
zur Sommerzeit.

Mein Halstuch ist blau
wie der Kittel,
den Vati zur Arbeit trägt,
und blau wie der große Himmel,
wenn er die Wolken bewegt.

11

Aus: Lesebuch 2. Klasse, Volk und Wissen Volkseigener Verlag Berlin 1986

ABC-Zeitung

ISSN 0001-0375
Preis 0,15 M

Herausgegeben vom Zentralrat der FDJ für Jungpioniere und Schüler 2. Juniheft **12/1988**

Bald ist es soweit: In Karl-Marx-Stadt treffen sich Jung- und Thälmannpioniere zum VIII. Pioniertreffen. Nicht alle können dabeisein. Ganz gleich aber, wo ihr eure Ferien verlebt – in den Ferienspielen oder im Ferienlager – fröhlich und erlebnisreich sollen sie sein. Deshalb macht alle mit beim Ferienspiel „Blaue Wimpel im Sommerwind"!
Viele Anregungen dazu findet ihr auf Seite 3.

ABC-Zeitung – Zeitung für die ersten bis dritten Klassen

37

42. Jahrgang
1989
ISSN
0323-8709
10 Pf

TROMMEL

Zeitung für Thälmannpioniere und Schüler

Piefke und Schniefke

Piefke: „Ich kann mir keinen besseren Gruppenratsvorsitzenden denken!"

Die Spitzenkandidatin

Hinter sich hat Ragna Werler: Amanda Wirsing, Sandra Schulze, Daniel Mindt und Christoph Zeller, der zum Fototermin entschuldigt fehlte. So sah der alte Gruppenrat aus, viele meinen, das könnte auch der neue sein. Zur Wahl wird's entschieden.

Die Mädchen, die wir befragten, stehen auf Ragna. Eine weiß ihre sehr guten Leistungen zu schätzen, andere loben ihre freundliche, bescheidene Art. Ragnas Hilfsbereitschaft sei sprichwörtlich. Wer mal was vergessen hat, braucht bei ihr garantiert nicht mit einer Abfuhr zu rechnen. Ragna kann sich gut in andere hineinversetzen, hat Verständnis für sie. Auch für Heike, das Sorgenkind der 5a. Sie hat Probleme zu Hause, kommt manchmal unsauber zur Schule. Ragna meint: Es hilft Heike überhaupt nicht, wenn wir naserümpfend einen großen Bogen um sie machen. Wir müssen immer wieder mit ihr reden und uns überlegen, wie wir ihr wirklich helfen können.

Ja, die Mädchen stehn auf Ragna. Und die Jungen? Die haben nichts gegen sie. „Bloß, dann sind schon wieder die Mädchen an der Macht! Ragna war schon zwei Jahre Gruppenratsvorsitzende", mault Daniel, der alte und vielleicht auch neue Agitator. Fragender Einwurf: Aber ihr Jungen habt doch auch für Ragna gestimmt, oder? Noch mal Daniel: „Klar, es gibt doch kein vernünftiges Argument gegen Ragna!" Was soll man dazu sagen!

S. Lehmann

Habt ihr euch schon Ge… um den neuen Grupp… In der 5a der Franz-Mett-Obersch… gibt es diese Meinung:

Ragna hat ihre Trup… hinter si…

FRÖSI

9/89

DEIN PIONIERMAGAZIN · PREIS 0,70 M · ISSN 0323-8806

In diesem Heft

Modetips aus Marzahn
Ein Berliner Jugendmodeklub gibt Anregungen für den Umgang mit unserer Beilage.

Kahnfahrt im Irrgarten
Geht mit uns auf Entdeckungsreise – Kurs: Spreewald!

Prominente und Talente
„Alles Rodger!" erklärte uns Kerstin. Wir begleiteten sie ins Studio, erlebten einen Auftritt und waren bei ihr zu Hause.

Trommel und Frösi – Zeitungen für die vierten bis siebten Klassen.
In der Trommel war Aktuelles aus dem Pionierleben der Republik und aus der Welt zu erfahren.
Die Frösi enthielt Berichte über alle möglichen Themen, wie Musik, Freizeit, Pioniere in fremden Ländern. Frösi ist die Abkürzung für »Fröhlich sein und singen«.

DEUTSCHE DEMOKRATISCHE REPUBLIK

Zehnklassige allgemeinbildende polytechnische Oberschule

ZEUGNIS

Klasse mit erweitertem Russischunterricht

Susanne Fritsche

geb. am 26.5.1979 Klasse 3R

1. Halbjahr 19 / Schuljahr 1987/88 *)

Gesamteinschätzung

Susanne ist eine freundliche und hilfsbereite Schülerin, die von ihren Klassenkameraden anerkannt wird. Ihre erreichten Leistungen zeigen, daß sie mündliche Lernaufträge zuverlässig erfüllt.
Schriftlich arbeitet Susanne sehr selbständig, sollte sich dabei jedoch um eine zügigere Arbeitsweise bemühen und stets auf eine gute Heftführung achten.
Am Leben der Pioniergruppe nimmt Susanne aktiv teil.

Betragen	1	Ordnung	1
Fleiß	1	Mitarbeit	2

Versetzungsvermerk – versetzt –

*) Zutreffendes unterstreichen

Die erste Seite meines Zeugnisses in der 3. Klasse

Ab jetzt ist Ernst Thälmann mein Vorbild

Nachdem ich mich als Jungpionier bewährt hatte, bekam ich in der vierten Klasse das rote Halstuch überreicht. Alle vierten Klassen unserer Stadt versammelten sich auf dem Marktplatz und in einem Festakt sprach der Vorsitzende der Kreisleitung bedeutende Worte über den Ernst des Lebens, über die Verantwortung gegenüber den Jüngeren …

Rotes Halstuch der Thälmannpioniere

Für Frieden und Sozialismus war ich immer bereit! Das versprach ich den anwesenden Eltern, Lehrern und dem Staat mit meinem Gelöbnis.

Ehrenbanner der Thälmannpioniere mit den Bildnissen Ernst Thälmanns und Wilhelm Piecks

Jetzt waren wir beim **Fahnenappell** nicht mehr die Kleinsten und begannen nach der blauen FDJ-Bluse zu schielen.

Für die Thälmannpioniere gab es jede Menge Ämter zu erfüllen. Die Wandzeitungsredakteure bemühten sich um die Aktualität der Wandzeitung. Die Agitatoren der Deutsch-Sowjetischen Freundschaft (DSF) waren verantwortlich für den regen Austausch mit den russischen Freunden.

Und ich hatte versprochen, nach den Gesetzen der Thälmannpioniere zu handeln.

Fahnenappell

Zu Beginn und am Ende jeden Schuljahres und zu besonderen Anlässen fand der Fahnenappell statt. Die Schüler aller Klassen nahmen auf dem Schulhof nach Klassenstufen in Reih und Glied Aufstellung. An diesen Tagen war das Tragen der Pionierkleidung oder der FDJ-Bluse Pflicht. Der Direktor hielt eine Rede über fleißiges Lernen und am Ende des Schuljahres wurden einzelne Schüler für ihre guten Lernergebnisse zum Wohle der Deutschen Demokratischen Republik ausgezeichnet.

DIE GESETZE DER THÄLMANNPIONIERE

Wir Thälmannpioniere ...

... lieben unser sozialistisches Vaterland, die Deutsche Demokratische Republik.
... tragen mit Stolz unser rotes Halstuch und halten es in Ehren.
... lieben und achten unsere Eltern.
... lieben und schützen den Frieden und hassen die Kriegstreiber.
... sind Freunde der Sowjetunion und aller sozialistischen Brudervölker und halten Freundschaft mit allen Kindern der Welt.
... lernen fleißig, sind ordentlich und diszipliniert.
... lieben die Arbeit, achten jede Arbeit und alle arbeitenden Menschen.
... lieben die Wahrheit, sind zuverlässig und einander Freund.
... machen uns mit der Technik vertraut, erforschen die Naturgesetze und lernen die Schätze der Kultur kennen.
... halten unseren Körper sauber und gesund, treiben regelmäßig Sport und sind fröhlich.
... bereiten uns darauf vor, gute Mitglieder der Freien Deutschen Jugend zu werden.

Um den Frieden zu schützen, wie es die Gesetze der Thälmannpioniere vorschrieben, führte man in der DDR die Wehrerziehung ein. In den Ferien nahm ich an einem Manöver teil, bei dem ich lernte, einen Kompass zu benutzen und einen Verband anzulegen, beides ziemlich nützliche Dinge. Doch nicht immer war es nützlich, was ich lernte.

Ernst Thälmann

Ernst Thälmann wurde am 16. April 1886 in Hamburg geboren. Er arbeitete als Transportarbeiter im Hamburger Hafen und fuhr zur See. 1923 leitete er den Hamburger Aufstand, bei dem Arbeiter gegen Hunger und Not protestierten. 1925 wurde er zum Vorsitzenden der Kommunistischen Partei Deutschlands (KPD) gewählt. Am 3. März 1933 verhafteten ihn die Nationalsozialisten in Berlin. Nach elfjähriger Haft starb Ernst Thälmann am 18. August 1944 im Konzentrationslager Buchenwald. Wahrscheinlich wurde er von SS-Männern ermordet.

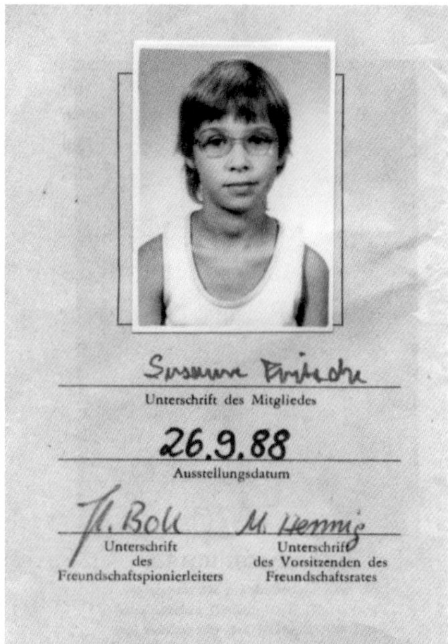

ERNST THÄLMANN

GELÖBNIS
DER THÄLMANNPIONIERE

„Ernst Thälmann ist mein Vorbild.
Ich gelobe zu lernen,
zu arbeiten und zu kämpfen,
wie es Ernst Thälmann lehrt.
Ich will nach den Gesetzen der
Thälmannpioniere handeln.
Getreu unserem Gruß bin ich
für Frieden und Sozialismus
immer bereit."

Seiten aus meinem Thälmannpionier-Ausweis

Vormilitärische Erziehung

Die größte Peinlichkeit meiner sozialistischen Erziehung war die Vorbereitung zum »Fest des Liedes und des Marsches« in meiner Schule. Als Viertklässler stand ich mit meinen Klassenkameraden auf dem Schulhof und übte marschieren. Zunächst waren wir ein kichernder Haufen, der sich mit dem »Gleichschritt marsch!« unserer Lehrerin nicht anfreunden konnte. »Augen geradeaus!«, »Rechts schwenkt marsch!«, »Links schwenkt marsch!«, »Stillgestanden!« und »Rührt Euch!«. Begriffe, die mir beim Marschieren immer wieder um die Ohren flogen. Nach einiger Zeit marschierte unser Block in Reih und Glied, ohne Stolpereien, über den Schulhof.

»Ein Lied!« war der letzte Befehl; alle trällerten während des Marsches das Lied von den Soldaten unserer Volksarmee. Das forderte meine ganze Konzentration: im Gleichschritt marschieren, dem Vordermann nicht in die Fersen treten, in den Kurven schwenken und dann noch singen. Am Ende dieser militärischen Übung liefen wir alle durcheinander nach Hause. So füllte man die **Pioniernachmittage**.

Auf die vormilitärische Erziehung (**Wehrerziehung**) wurde in der DDR besonderen Wert gelegt. Jeder sollte wissen, wie wichtig die Armee zur Verteidigung der Heimat war und dass jeder selbst einen Beitrag zum Schutz vor den **Imperialisten** leisten musste.

Pioniernachmittag
Jeden Mittwoch trafen sich die Pioniere in der Schule. Sie bastelten für wichtige sozialistische Feiertage, gestalteten die Wandzeitung oder trafen die Patenklasse oder die Patenbrigade. Am Anfang des Schuljahres wurde am Pioniernachmittag der Jungpionierrat bzw. Gruppenrat gewählt.

Wehrerziehung
In den höheren Klassenstufen mussten die Mädchen ins ZV-Lager (ZV – Zivilverteidigung). Die Jungen fuhren ins GST-Lager (GST – Gesellschaft für Sport und Technik). 1978 wurde für die neunten, später auch für die zehnten Klassen der Wehrkundeunterricht als Pflichtfach eingeführt.

Im Statut der Thälmannpioniere stand:

> »Wir handeln als unerschütterliche Freunde der Sowjetunion und der anderen sozialistischen Bruderländer, üben aktive Solidarität mit allen um ihre Freiheit und Unabhängigkeit kämpfenden Völkern und hassen den Imperialismus.«

In der DDR wurden gezielt Feindbilder aufgebaut, und die Feinde waren natürlich die nichtsozialistischen Länder hinter dem »Eisernen Vorhang«, die Kapitalisten und Imperialisten. Die Armee wollte uns vor den westlichen Einflüssen beschützen und für diese guten Taten im Sinne unserer Heimat benötigte sie unsere uneingeschränkte Unterstützung.

Mit der Idee des Sozialismus, der mich zu Frieden und Solidarität erziehen sollte, hatten diese Gedanken des Hasses wenig zu tun. Wie sollte es mir gelingen, Menschen, die ich nicht kannte, zu hassen?

Durch die Familie meiner Mutter und meines Vaters hatte ich Verwandte im Westen. Mein Onkel schickte uns zu allen feierlichen Anlässen Pakete mit Geschenken. Wollte dieser Staat wirklich von mir, dass ich die eigene Familie hasse? Für viele Menschen in der DDR war das ein Widerspruch.

Das Marschieren hatte ich jetzt gelernt. Am 1. Mai sollte die ganze Republik marschieren, meine **Patenklasse**, meine **Patenbrigade** und ich, am Tag der Werktätigen.

Imperialismus
Als Imperialismus bezeichnet man das Streben einer Großmacht nach immer größerem politischen, militärischen und wirtschaftlichen Einfluss.
Die DDR-Regierung bezeichnete die westlichen Staaten als imperialistisch.

Patenklasse / Patenbrigade
Die Patenklasse war eine ältere Schulklasse, die zu wichtigen Entscheidungen in der Klasse eingeladen wurde.
Jede Schulklasse hatte im Patenbetrieb der Schule eine Patenbrigade.
Die Patenbrigade besuchte die Schüler und die Schüler gestalteten Unterhaltungsprogramme für den Betrieb.

Gute Freunde

Worte: Hans-Georg Beyer
Melodie: Hans Naumilkat

RO JA

1. Sol - da - ten sind vor - bei - mar - schiert im

glei - chen Schritt und Tritt. Wir Pi - o - nie - re

ken - nen sie und lau - fen fröh - lich mit, juch - hei! Wir

Pi - o - nie - re ken - nen sie und lau - fen fröh - lich

mit. 1.-5. Gu - te Freun - de, gu - te Freun - de, gu - te

2. Der Hauptmann, der den Zug anführt,
   den kennen wir genau.
   Vor Jahren stand als Maurer er
   bei uns noch auf dem Bau.

3. Ein Leutnant führt den zweiten Zug
   mit fröhlichem Gesicht.
   Als Lehrer gab er früher uns
   den schönsten Unterricht.

4. Der Flügelmann im ersten Glied
   mit Stahlhelm und MPi,
   als Melker der Genossenschaft
   betreute er das Vieh.

5. Soldaten sind vorbeimarschiert,
   die ganze Kompanie.
   Und wenn wir groß sind, wollen wir
   Soldat sein, so wie sie.

Aus: Musik 2. Klasse, Volk und Wissen Volkseigener Verlag Berlin 1986

Mai-Demonstration

Am **1. Mai** wurde in jeder Kreisstadt der »Tag der Arbeit« gefeiert. An diesem Tag fand ein großer Umzug der Werktätigen, Schüler und Sportgruppen statt. Die Straßen der Republik waren mit Fahnen der DDR und der Sowjetunion und mit Wimpelketten geschmückt.

Diese Zeichnung fertigte ich in der 4. Klasse an.

Am Pioniernachmittag bastelte ich Nelken und Friedenstauben, die unsere Klasse am Tag der Mai-Demonstration an der Tribüne mit den **Funktionären** vorbeitragen würde, begleitet von der Marschmusik der mitlaufenden Kapellen. Doch der Marsch hatte für uns Schüler nur ein Ziel: am Ende des Umzuges fand in unserer Stadt alljährlich ein großer Rummel statt.

Maifeiertag
Am 20. Juli 1889 wurde auf dem Internationalen Sozialistenkongress in Paris beschlossen, den 1. Mai ab 1890 als Kampftag einzuführen. Die Arbeiter sollten weltweit demonstrieren. Zu DDR-Zeiten war die Teilnahme an der Mai-Demonstration Pflicht. Doch nicht jeder nahm diese Pflicht wahr.

Funktionär
Ein Funktionär ist ein Beauftragter einer bestimmten Organisation, einer Partei oder einer Vereinigung; so sprach man von Parteifunktionären oder Sportfunktionären.

Liedanhang

Zum 1. Mai

Worte: Agnes Krauskopf
2. Strophe: Christian Lange
Melodie: Inge Nied

2. Und wenn wir dann alle
gehn in Reih und Glied,
dann singen wir fröhlich
und stolz unser Lied.
Am Festtag der Arbeiter
sind wir dabei,
es fliegen die Fahnen,
wir ziehn in den Mai.

39

Aus: Musik 2. Klasse, Volk und Wissen Volkseigener Verlag Berlin 1986

WANDZEITUNG

Für uns steht erneut fest

»Wir helfen den Kindern in Nikaragua!«

Die „Woche der sozialistischen Pionierhilfe", vom 22. Mai bis 1. Juni 1989, wird an allen Pionierfreundschaften diesem Bekenntnis gerecht werden.

Das ist Oswing Espinales aus El Viejo. Er nahm am Internationalen Sommerlager der Pionierrepublik „Wilhelm Pieck" am Werbellinsee teil.

In der Zeit vom 22. Mai bis 1. Juni 1989 findet die „Woche der sozialistischen Pionierhilfe" statt. Dieses Mal wollen wir Geld sammeln für die Kinder in Nikaragua.
Am 1. Juni, zum Internationalen Kindertag, werden wir in unserer Klasse einen Kuchenbasar veranstalten. Wir bitten daher alle Pioniere der Klasse 4R und die fleißigen Mütter mit einem leckeren Kuchen zum Gelingen dieses Tages beizutragen. Außerdem wollen wir Pioniere in der gesamten Woche Altpapier sammeln.
Die Kinder in Nikaragua mussten bis 1979 schrecklich unter der Somoza-Diktatur leiden, die von den imperialistischen USA unterstützt wurde. Mit der sandinistischen Volksrevolution wurde die Diktatur besiegt. Es gibt jedoch immer wieder Anschläge der Konterrevolutionäre, die den friedlichen Aufbau Nikaraguas verhindern sollen.
Wir wollen mit dem gesammelten Geld den Kindern helfen und unsere Solidarität beweisen.

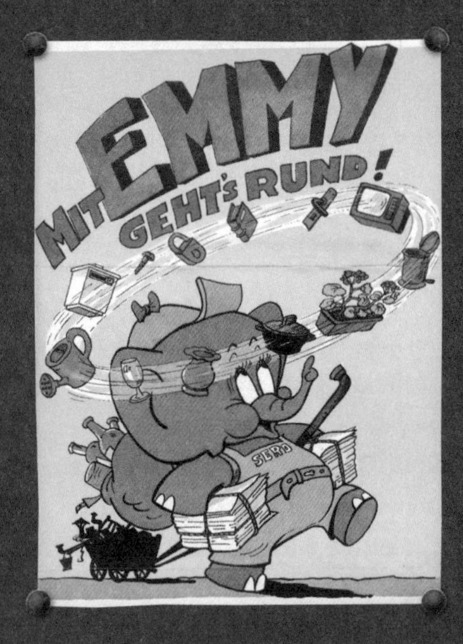

Woche der sozialistischen Pionierhilfe vom 22.5. bis 1.6.1989

„Wir helfen den Kindern Nikaraguas!“ – unter diesem Motto steht die „Woche der sozialistischen Pionierhilfe“ 1989.
Die Schule bei der Botschaft der DDR in Managua hat Anfang April alle Mitglieder der Pionierorganisation „Ernst Thälmann“ aufgerufen, durch einen aktiven Solidaritätsbeitrag, der sich in Mark und Pfennig niederschlägt, mitzuhelfen, den Kindern in Nikaragua lebenswichtige Dinge zur Verfügung zu stellen.
Neben Soli-Basaren sind natürlich auch SERO-Sammlungen eine gute Möglichkeit, um einen entsprechenden Betrag auf das „Konto der antiimperialistischen Solidarität der Jugend“ unter dem Kennwort „Pionierhilfe“

Kto.-Nr. 7199-55-8787

beim Postscheckamt Berlin, einzuzahlen.

Ergebnisse der Altpapiersammlung

Monat	Kilogramm
Januar	118
Februar	115
März	130
April	121
insgesamt	484

Den Erlös aus der Altpapiersammlung und aus dem Kuchenbasar spenden wir an Kinder in Nikaragua.

Zu aktuellen Ereignissen gestalteten wir am Pioniernachmittag die Wandzeitung in unserem Klassenraum, zum Beispiel zum 1. Mai. Andere Themen waren die Probleme der Kinder in Nikaragua als unserem sozialistischen Bruderland. Wir informierten über ihre Situation und riefen zur Hilfe auf. Und natürlich dachten wir regelmäßig an die fleißigen Frauen der DDR und an ihren Ehrentag.

Emmy
Emmy war das Maskottchen von SERO. In meiner Schule musste jeder Schüler monatlich 5 Kilogramm Altpapier mitbringen. Das Papier wurde für SERO gesammelt. Die rosa Elefantendame sollte ein Vorbild sein und vermitteln, wie wichtig die Rohstoffverwertung ist.

SERO
Abkürzung für Sekundärrohstoffe. Im VEB Kombinat SERO wurden Altpapier, Alttextilien, Flaschen, Gläser und Schrott gesammelt. In jeder Stadt gab es eine Sammelstelle, wo die Sekundärrohstoffe abgegeben werden konnten gegen ein kleines Entgeld.

Internationaler Frauentag

Am 8. März feierte die Republik den **Internationalen Frauentag**. Im Kindergarten und am Pioniernachmittag in der Schule bastelte ich jedes Jahr Glückwunschkarten.

Die Gleichberechtigung der Frauen war in der DDR ein wichtiges Ziel. Man stellte jedem Kind einen Kinderkrippen- und Kindergartenplatz zur Verfügung, wenn es die Kapazitäten erlaubten. Von der ersten bis zur vierten Klasse hatte jeder Schüler die Möglichkeit, den Nachmittag bis 16.00 Uhr im Schulhort zu verbringen und dort seine Hausaufgaben zu erledigen. Es gab eine Schulspeisung für alle Schüler bis zu den zehnten bzw. zwölften Klassen.

Viele Frauen waren werktätig und aktiv in den Produktionsprozess eingebunden. Einmal im Monat stand ihnen als Begünstigung der Haushaltstag zu.

Als guter Pionier hatte ich meine Hilfsbereitschaft versprochen. Besonders ältere Menschen und die Mütter brauchten Unterstützung. Das hatte ich von »Timur und seinen Freunden« in der zweiten Klasse gelernt.

Internationaler Frauentag

Am 19. März 1911 fand der erste Internationale Frauentag statt. Frauen aus Dänemark, Deutschland, Österreich, der Schweiz und den USA kämpften für ihre Gleichberechtigung und das Wahlrecht. (Die Frauen in Deutschland wählten 1918 das erste Mal.)

Die Festlegung auf den 8. März erfolgte 1921 auf Beschluss der 2. Kommunistischen Frauenkonferenz. Es sollte an den Textilarbeiterinnen-Streik in St. Petersburg erinnert werden, der am 8. März 1917 große Demonstrationen von Arbeiterinnen auslöste.

»Timur und sein Trupp« – ein russisches Vorbild

Mein »Freund« aus der Sowjetunion half uneigennützig den Frauen, deren Männer im Zweiten Weltkrieg kämpften oder gefallen waren. Das Zeichen von Timur und seinen Freunden war der rote Stern, den sie an jedes Haus zeichneten, in dem Hilfe nötig war.

> »Sima Simakow stieß einen Stock in den Boden, stampfte und tanzte darum herum und sang voller Stolz und Freude:
> ›Wir wollen nicht faul die Glieder strecken,
> nicht raufen und rauben und andre erschrecken.
> Woll'n helfen den Menschen, wo's immer tut Not!
> So lautet der Pioniere Gebot.‹«
> Aus: »Timur und sein Trupp«

In der DDR wurde die **Timurhilfe** eingeführt. Jeder Pionier sollte sich in seiner Nachbarschaft umschauen, ob dort Hilfe gebraucht würde.

In der Schule wurden viele sowjetische Autoren gelesen. Ich ging in eine Klasse mit erweitertem Russischunterricht, somit lernte ich seit der dritten Klasse die russische Sprache. Die anderen Schüler fingen in der fünften Klasse mit dem ersten russischen Sprachunterricht an.

Ausgabe des Kinderbuchverlages Berlin 1978

Timurhilfe
So nannte man die Hilfe für ältere und hilfsbedürftige Menschen nach dem Vorbild von Timur aus dem Kinderbuch von Arkadi Gaidar. Man sollte älteren Menschen bei schweren Tätigkeiten helfen, die Einkaufsbeutel abnehmen oder die Kohlen in den Keller tragen.

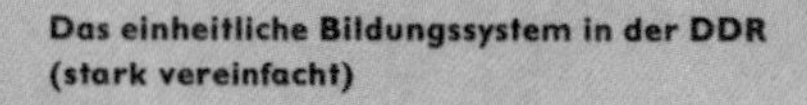

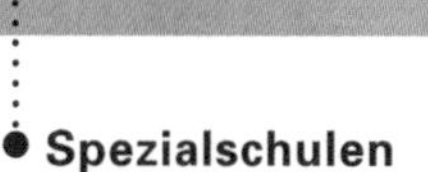

Spezialschulen
Schüler mit überragenden Leistungen lernten in Spezialschulen für Mathematik, Naturwissenschaften, Sprachen, Musik und Sport. In der Regel legten sie dort auch das Abitur ab.

Polytechnische Oberschule (POS)
Von der 1. bis zur 10. Klasse blieben die Schüler im selben Klassenverband. Von der 1. bis zur 4. Klasse war man in der Grundstufe, ab der 5. Klasse wurden weitere Fächer eingeführt. Als erste Fremdsprache wurde ab der 5. Klasse Russisch unterrichtet, in manchen Klassen ab der 3. Klasse.

Kinderkrippe & Kindergarten
Damit die Frauen arbeiten konnten, wurden Kinder ab dem ersten Lebensjahr oder früher in die Kinderkrippe gebracht. Vom dritten bis zum sechsten Lebensjahr gingen sie in den Kindergarten.

Abbildung aus: »Von Anton bis Zylinder« – Der Kinderbuchverlag Berlin 1968

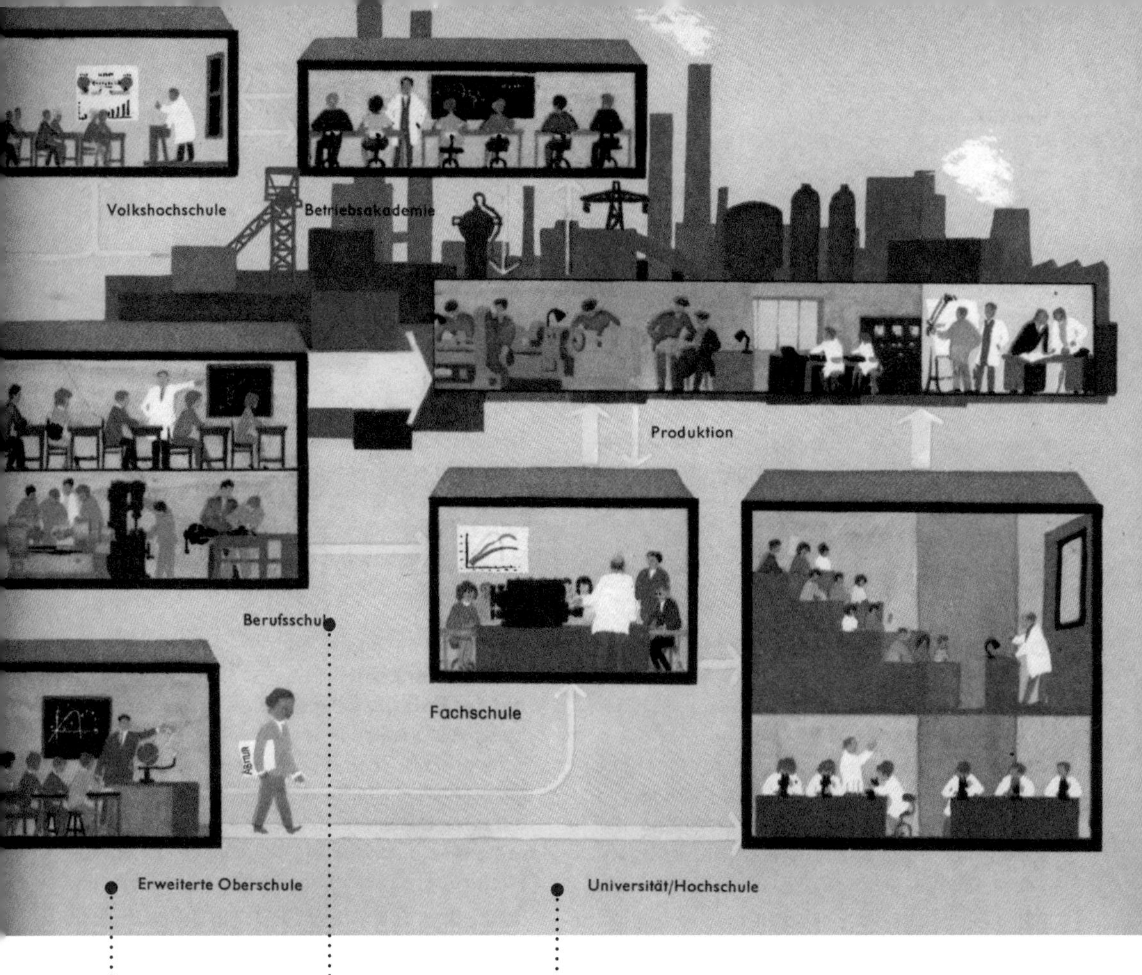

Universität und Hochschule
Die Mädchen konnten sich direkt nach Schulabschluss an einer Universität oder Hochschule einschreiben. Die Jungen mussten erst eine dreijährige Wehrpflicht ableisten.

Berufsausbildung
Für die meisten Schüler folgte nach Beendigung der 10. Klasse die Berufsausbildung. Für manche war es auch möglich, einen Beruf mit Abitur (BmA) zu machen.

Erweiterte Oberschule (EOS)
Auf die EOS gingen Schüler, die das Abitur ablegen wollten. Das durften nur Schüler mit ausgezeichneten Leistungen. Schüler, die sich für den Dienst bei der Staatssicherheit entschieden hatten oder deren Eltern in der Partei waren, wurden ebenfalls zum Abitur zugelassen. Die Aufnahme an der EOS war manchmal abhängig von der politischen Einstellung der Eltern.

3. Kapitel

»Die Fahne der Deutschen Demokratischen Republik hat die Farben Schwarz-Rot-Gold. In der Mitte trägt sie unser Staatswappen. Es zeigt – eng miteinander verbunden – einen Hammer, einen Zirkel und einen Ährenkranz.

Der Hammer ist das Zeichen für unsere Arbeiter in den Betrieben, in den Schächten und auf den Werften. Der Zirkel ist das Zeichen für die Techniker, Lehrer, Wissenschaftler und Künstler. Der Ährenkranz ist das Zeichen für die Bauern der LPG.

Alle Werktätigen unserer Republik gehören zusammen und arbeiten zusammen. Gemeinsam sorgen sie dafür, dass unser Land immer reicher, stärker und schöner wird. Das sollen Hammer, Zirkel und Ährenkranz auf unserem Staatswappen ausdrücken.

Wir achten und ehren die Fahne unserer Republik.«

Aus: Lesebuch 2. Klasse, Volk und Wissen Volkseigener Verlag Berlin 1986

Heute keine Ware

Das Leben im **Arbeiter-und-Bauern-Staat** war für die meisten ziemlich gemütlich. Fast jeder ging regelmäßig zur Arbeit, und niemand musste fürchten, sie zu verlieren. Man brauchte sich auch keine Sorgen zu machen, dass man die Miete oder das Wassergeld nicht mehr bezahlen konnte. Die Miet- und Wasserpreise waren relativ niedrig. In der Hinsicht sorgte sich der Staat um die Arbeiter und Bauern.

In der Kleingartenanlage kultivierte der DDR-Durchschnittsbürger Obst und Gemüse, da das Warenangebot in den Obst- und Gemüseläden der Republik oft nicht umfangreich war. Zum Angebot gehörten meist nur Kohl, Möhren, Kartoffeln oder Äpfel. Bohnen, Erdbeeren oder Kirschen waren nur erhältlich, wenn die Besitzer eines Gartens ihre Produkte gegen ein kleines Entgeld in den Läden ablieferten. An Südfrüchte wie Apfelsinen und Bananen war nur selten zu denken. Wenn sich in einer Kaufhalle oder vor einem Obst- und Gemüseladen eine lange Menschenschlange bildete, stellte man sich meist auf Verdacht an und fragte, was es denn zu kaufen gäbe. Wenn man Glück hatte, konnte man zum Beispiel Bananen nach Hause tragen.

In Berlin war das Angebot meist umfangreicher, die Hauptstadt war das »Schaufenster« der Republik.

Im Konsum, in den HOs (Handelsorganisationen) und in den Kaufhallen erwarb man die Nahrungsmittel des täglichen Be-

Arbeiter-und-Bauern-Staat
In diesem Staatsmodell werden die Arbeiter und Bauern als die »herrschende« Klasse bezeichnet. Sie lenken den Staat nach ihren Bedürfnissen. Die DDR wurde als Arbeiter-und-Bauernstaat bezeichnet; die Geschicke des Staates lenkten jedoch die Funktionäre der SED.

Delikat-Laden
Ab 1966 wurden in der DDR die Delikat-Läden eingeführt. In diesen Läden wurden hochwertige Nahrungs- und Genussmittel angeboten. Zu diesen Waren zählten zum Beispiel Champignons oder Ananas in Dosen. Die Produkte waren im Gegensatz zu den Grundnahrungsmitteln sehr teuer.

So wie wir heute arbeiten, werden wir morgen leben!

Diese Losung wurde von der Aktivistin Frida Hockauf geprägt und wurde bis 1971 von der SED propagiert.

darfs, die meist aus einheimischer Produktion stammten und sehr billig waren. In den **Delikat-Läden** wurden hochwertige Waren angeboten, die zum Teil aus dem westlichen Ausland eingeführt wurden. Die Produkte aus dem Delikat-Laden waren meist sehr teuer und selten ausreichend vorhanden.

Manche DDR-Bürger bekamen die begehrten Westwaren zu Festtagen von ihrer Verwandtschaft aus der BRD geschickt: in den berühmten Westpaketen, die immer einen besonderen Geruch verströmten. Der Westen roch einfach anders als der Osten. Der typische Inhalt so eines Paketes waren Kaffee, Schokolade, Kakaopulver, Backzutaten, Gummibärchen, Matchbox-Autos, Strumpfhosen und andere Kleidungsstücke.

Wer keine Westverwandtschaft besaß, die Pakete schickte, konnte ab 1974 im **Intershop** Westwaren erwerben.

Das Warenangebot der DDR war teilweise sehr begrenzt. Wer ein Haus bauen wollte, musste gute Beziehungen haben, um ausreichend Zement und Steine zu bekommen und das Holz für den Ausbau. Es wurde viel gebastelt, selbst gebaut und improvisiert.

Intershop
Diese Verkaufsstellen existierten von 1962 bis 1990. Es wurden Produkte aus dem Westen verkauft. Bürger aus der BRD konnten mit D-Mark einkaufen. Man wollte Devisen einnehmen. Ab 1974 durften auch DDR-Bürger in den Intershops einkaufen, sie mussten später mit Forumschecks bezahlen.

Forumscheck
Bis 1974 war DDR-Bürgern der Besitz von ausländischen Zahlungsmitteln (Devisen) verboten. 1979 wurden die Forumschecks eingeführt. DDR-Bürger mussten ihre D-Mark in diese Schecks eintauschen, wenn sie im Intershop einkaufen wollten.

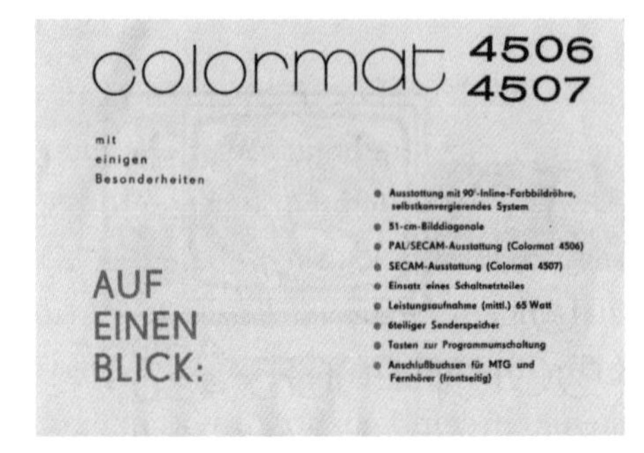

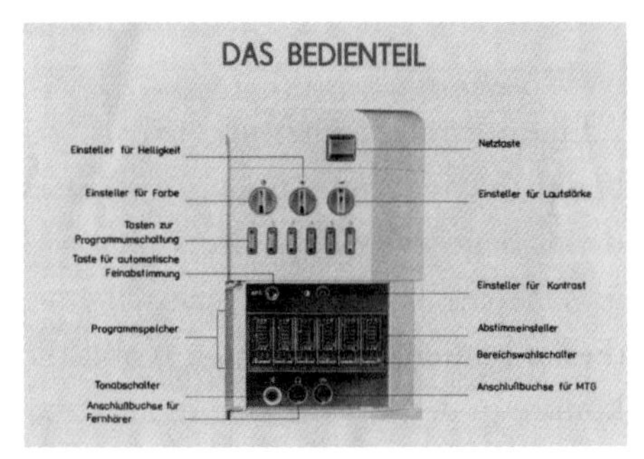

Abbildungen aus: Prospekt des VEB Fernsehgerätewerke »Friedrich Engels« in Staßfurt

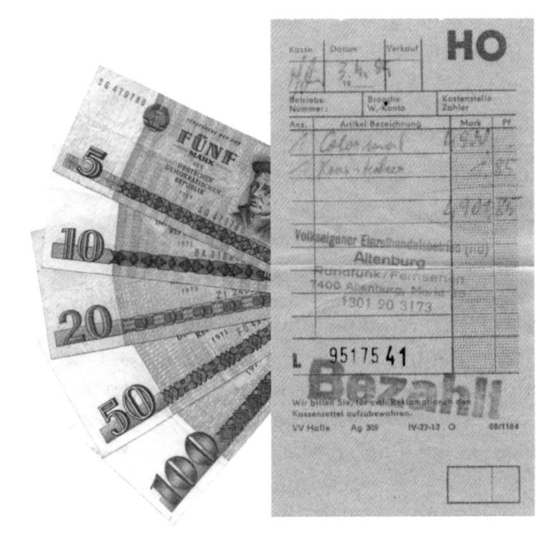

HO

Kasse	Datum	Verkauf
	19	

Betriebs-Nummer:	Branche W.-Konto	Kostenstelle Zahler

Anz.	Artikel Bezeichnung	Mark	Pf

Volkseigener Einzelhandelsbetrieb (HO)
Altenburg
Rundfunk/Fernsehen
7400 Altenburg, Markt
1301 90 3173

L 9517541

Bezahlt

Wir bitten Sie, für evtl. Reklamationen den Kassenzettel aufzubewahren.

VV Halle Ag 309 IV-27-13 O 08/1104

+ 50 Mark Schmiergeld

Rechnung für unser Farbfernsehgerät

Wollte der DDR-Bürger ein Haus oder eine Wohnung modern einrichten, brauchte er ebenfalls einige Geduld. Zeitgemäße Einrichtungsgegenstände waren oft **Mangelware**. Aufgrund dieser Situation bekam man begehrte Waren nur durch gute Beziehungen, daraus wurde die so genannte **Bückware**. Bei einer Schrankwand kann ich mir zwar nur schwer vorstellen, wie man sie unter dem Ladentisch verkaufen wollte. Aber bei einer Jeans, in der DDR Niethose genannt, oder bei Schuhen passte das Bild nicht schlecht.

Einen Farbfernseher unter dem Ladentisch zu verstecken, bedurfte wiederum einiger Anstrengung, ebenso wie der Erwerb dieser begehrten Ware. Die staatliche Plankommission hatte vergessen, dass sich der Bürger nach jahrelangem Schwarzweißsehen diesen bunten Luxus leisten wollte. Die sozialistische Produktion konnte in der kurzen Zeit nicht ausreichend Fernsehgeräte liefern; so wurde auch der Farbfernseher zur Mangelware.

Wenn der genügsame DDR-Bürger den »colormat« endlich in den Händen hielt, bot das Gerät nicht weniger als sechs Programmknöpfe. Wie sollte man nun die vier zusätzlichen Programmplätze füllen, wenn nur der Empfang von DDR 1 und DDR 2 vorgesehen war? In den meisten Familien werden die ARD als das Erste und das ZDF als das Zweite ihre traditionellen Plätze gefunden haben. Ab dem dritten Platz reihte sich das Fernsehen der DDR ein.

Mangelware
Autos, moderne Möbel, Fernseher, Kassettenrecorder, modische Kleidung in der richtigen Größe, Jeans, Schuhe in der passenden Größe, Südfrüchte, Kakao, Kokosraspeln, duftende Seife.

Bückware
Durch die Planwirtschaft in der DDR waren einige Güter nicht ausreichend vorhanden. Daher wurden Mangelwaren sozusagen unter dem Ladentisch angeboten. Diese Waren erhielten Kunden mit guten Beziehungen zum Verkaufspersonal – oder man legte die eine oder andere Mark drauf.

Währung der DDR

DDR-Münzen in Originalgröße; die Münzen wurden aus Aluminium geprägt, nur die 20-Pfennig-Münze bestand aus Kupfer und Zinn.

Originalgröße: 112 mm × 50 mm
Abbildung auf der Vorderseite: Thomas Müntzer

Originalgröße: 120 mm × 53 mm
Abbildung auf der Vorderseite: Clara Zetkin

MDN

Abkürzung für Mark Deutscher Notenbank.
So nannte sich die Währung der DDR bis 1968. Nach der Gründung der Staatsbank wurden neue Banknoten eingeführt. Das Geld hieß dann nur noch Mark und der Preis wurde nicht mehr mit MDN angegeben.

Staatsbank der DDR

Zunächst wurde die Deutsche Notenbank gegründet, diese wandelte man 1968 in die Staatsbank der DDR um. Sie war zuständig für die einheitliche Leitung, Planung, Durchführung und Kontrolle der staatlichen Geld- und Kreditpolitik. Der Präsident der Staatsbank war Mitglied des Ministerrates.

Der Farbfernseher kostete von Rostock bis Erfurt in allen Geschäften gleich viel. In der DDR hatten alle Produkte einen einheitlichen Preis. Bis 1968 bezahlte man noch mit **MDN**, danach nur noch mit Mark der DDR, ausgegeben von der **Staatsbank der DDR**. Der **EVP** war festgelegt durch das zentral gelenkte Wirtschaftssystem in der DDR, die Planwirtschaft.

Originalgröße: 127 mm × 55 mm
Abbildung auf der Vorderseite: J. W. von Goethe

Originalgröße: 136 mm × 59 mm
Abbildung auf der Vorderseite: Friedrich Engels

Originalgröße: 144 mm × 62 mm
Abbildung auf der Vorderseite: Karl Marx

EVP

Abkürzung für Einzelhandelsverkaufspreis. Die Preise waren staatlich festgelegt. Der Handel durfte keinen eigenen Preis bestimmen. Ein Brötchen kostete überall 5 Pfennige, egal ob man es in Rostock oder in Erfurt kaufte. Der EVP war auf die Verpackung aufgedruckt.

Wirtschaft nach Plan

Die Planwirtschaft wurde 1948 in der SBZ eingeführt. Zuerst arbeitete man nach einem Zweijahrplan, 1951 bis 1955 folgte der erste Fünfjahrplan. Die staatliche Plankommission legte fest, welche Waren produziert werden sollten und welche Rohstoffe dafür nötig waren. Auf den Parteitagen der SED wurden Richtlinien beschlossen, nach deren Vorgaben die Kommission arbeitete. Das Wirtschaftssystem wurde zentral von der SED gelenkt, Normen und Pläne wurden festgelegt.

Die Pläne führten oft dazu, dass am Bedarf der Menschen »vorbei« produziert wurde. Anfangs investierte man in die Stahlindustrie und vernachlässigte die Versorgung der Bevölkerung mit **Konsumgütern**. Später sollte die Konsumgüterproduktion dem entgegenwirken. So kam es, dass in einem Schiffsbaukombinat plötzlich Kühlschränke hergestellt wurden.

Da es in der DDR nicht viele Rohstoffvorkommen gab, kaufte man Rohstoffe im Ausland. Die DDR konnte auf dem ausländischen Markt nur mit **Devisen** oder Transferrubel bezahlen. Die Devisen, die durch Exporte, das heißt Geschäfte mit dem Ausland, beschafft wurden, reichten nicht aus, um die teuren Rohstoffe einzukaufen. Das führte zu einer hohen Verschuldung.

1983 bekam die DDR einen Milliardenkredit von der BRD. Die Kredite waren immer an politische Zugeständnisse in der DDR gebunden. So vereinbarte man zum Beispiel den Abbau der Selbstschussanlagen an der innerdeutschen Grenze.

Konsumgüter
Konsumgüter waren zum Beispiel Fernseher, Radios, Waschmaschinen, Kühlschränke oder Rasierapparate. Diese Güter waren oft Mangelware, da die DDR zu wenig Devisen besaß, um Rohstoffe zu erwerben und ausreichend Waren herzustellen.

Devisen
Als Devisen bezeichnet man ausländische Währungen. Die DDR durfte, um Waren und Rohstoffe aus dem westlichen Ausland zu erwerben, nur mit Devisen bezahlen, zum Beispiel mit D-Mark. Die DDR-Mark war eine Binnenwährung und wurde nur in der DDR als Zahlungsmittel verwendet.

Durch die Misswirtschaft der DDR-Spitze war der Staat hoch verschuldet. Trotzdem waren die Grundnahrungsmittel sehr billig. Sie wurden **subventioniert**, ebenso die Benutzung der öffentlichen Verkehrsmittel.

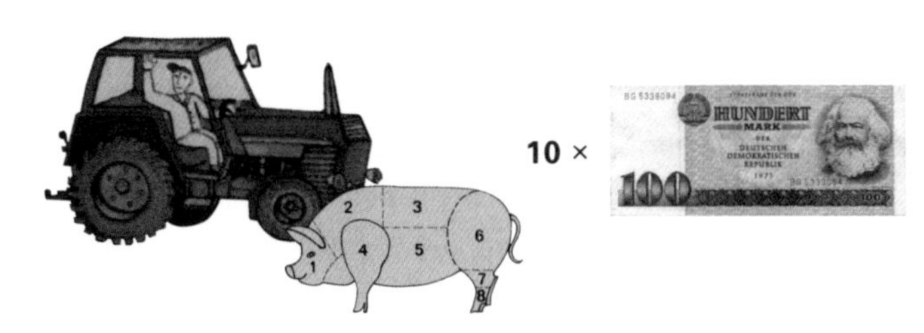

Die Bauern der LPG bekamen für ein verkauftes Schwein 1000 Mark vom Staat. Das Fleisch und die Wurst wurden im Laden für 600 Mark verkauft. Der Staat zahlte 400 Mark drauf. Die Ware wurde subventioniert, damit sie billiger angeboten werden konnte.

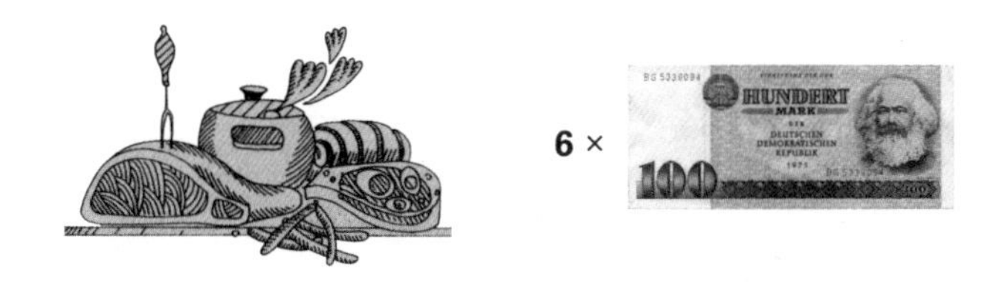

Um die Planwirtschaft in der DDR durchzusetzen, musste das Wirtschaftssystem verstaatlicht werden.

Subvention
Einzelne Wirtschaftszweige werden vom Staat mit finanziellen Mitteln unterstützt, um die Preise für bestimmte Güter oder Dienstleistungen niedrig zu halten.

Wenn Mutti und Vati früh zur Arbeit gehen

Für die Arbeiter und Bauern war die Planerfüllung das oberste Ziel ihres täglichen Schaffens. Bevor die ersten Pläne erfüllt werden konnten, mussten die landwirtschaftliche und industrielle Produktion nach dem Vorbild der Sowjetunion umgestellt werden.

1945 führte man eine **Bodenreform** durch mit dem Ziel, die Landwirtschaft zu verstaatlichen und in ein sozialistisches Wirtschaftssystem zu überführen. Die Arbeitskraft der Bauern wurde in den **LPGs** zusammengefasst. Die Produktion konnte so leichter vom Staat gesteuert werden. Es entstanden weitläufige Felder, die bis heute das Landschaftsbild der ehemaligen DDR prägen.

Mähdrescher beim Ernteeinsatz

Karussellmelkanlage

Bodenreform
»Junkerland in Bauernhand«, unter diesem Motto beschloss die SMAD 1945 die Bodenreform in der SBZ. Die Großgrundbesitzer wurden enteignet, ohne eine Entschädigung zu bekommen. Das Land wurde an Kleinbauern verteilt. Später sollten diese LPGs nach sowjetischem Vorbild gründen.

LPG
Abkürzung für Landwirtschaftliche Produktionsgenossenschaft.
Die Produktion wurde unter staatlicher Aufsicht gebündelt. Die LPGs funktionierten wie ein großer Betrieb.
Die Bauern traten nicht immer freiwillig in die LPG ein. Viele wurden mit Drohungen zum Eintritt gezwungen.

Wer nicht in der LPG tätig war, arbeitete meist im Kollektiv eines Volkseigenen Betriebes (**VEB**). Im sozialistischen Wettbewerb kämpften die Werktätigen um den Titel »Brigade der sozialistischen Arbeit«, der eine Auszeichnung für hervorragende Leistungen in der Produktion bedeutete und meist mit einer Geldprämie verbunden war.

Die Aufstiegschancen in einem Betrieb waren meist den Parteimitgliedern vorbehalten.

Werktätige im Kraftwerk

Chemiewerk in Leuna

VEB

Abkürzung für Volkseigener Betrieb. Die Betriebe der DDR wurden von Anfang an weitgehend verstaatlicht, d.h. die großen Betriebe wurden vom Staat verwaltet. Die Produktion sollte zum Wohle aller beitragen.
Die Erzeugnisse der Arbeit waren das Eigentum aller, doch in der Realität war das Volkseigentum in den Händen der Staatsmacht.
Um die Betriebe zu verstaatlichen, wurden die bisherigen Eigentümer enteignet. Oft wurden sie gezwungen, ihren Betrieb aufzugeben. Private Betriebe bzw. Familienunternehmen blieben nur selten bestehen.

SED – Sozialistische Einheitspartei Deutschlands

Zeichen der SED

Um den Sozialismus in der DDR gemeinsam aufzubauen, wurde schon in der SZB beschlossen, die Kommunistische Partei Deutschlands (KPD) und die Sozialdemokratische Partei Deutschlands (SPD) zu vereinigen. Auf dem Einigungsparteitag vom 21. bis zum 22. April 1946 schüttelten sich Wilhelm Pieck (Vorsitzender der KPD) und Otto Grotewohl (Vorsitzender der SPD) die Hände, diese wurden zum Symbol der Sozialistischen Einheitspartei Deutschlands (SED). Die Vereinigung erfolgte unter Zwang der SMAD, allerdings unter Zusicherung einer Demokratie. Bald aber wurden die demokratischen Tendenzen

Präsident......... 1949–1960

Otto Grotewohl – erster Vorsitzender des Ministerrates der DDR

Wilhelm Pieck – erster und einziger Präsident der DDR

Staatsratsvorsitzende................

1960–1973

Walter Ulbricht – erster Staatsratsvorsitzender

1973–1976

Willi Stoph

Walter Ulbricht

Am 30. Juni 1883 wurde Walter Ulbricht in Leipzig geboren. Er wurde zunächst Mitglied der SPD und engagierte sich später in der KPD. 1933 verfolgten ihn die Nationalsozialisten, und er beschloss, ins Exil nach Moskau zu gehen. Nach dem Krieg kam er zurück nach Deutschland in die SBZ und wurde 1950 zum Generalsekretär des Zentralkomitees der SED ernannt. 1960 wurde Walter Ulbricht Vorsitzender des Staatsrates und damit Staatsoberhaupt. Am 1. August 1973 starb Walter Ulbricht am Döllnsee bei Berlin.

in der Partei bekämpft und in einer so genannten »Säuberungsaktion« wurden etwa 150.000 Parteimitglieder ausgeschlossen.

Am 11. Oktober 1949 wählte man Wilhelm Pieck zum ersten Präsidenten. Nach seinem Tod wurde das Amt des Präsidenten abgeschafft und der Staatsratsvorsitzende zum Oberhaupt des Staates gewählt. 1960 übernahm **Walter Ulbricht** dieses Amt.

Walter Ulbricht und **Erich Honecker** prägten durch ihre langen Amtszeiten als Generalsekretäre der SED und als Staatsratsvorsitzende im Wesentlichen das politische Leben der DDR.

Handschlag von Wilhelm Pieck und Otto Grotewohl auf dem Vereinigungsparteitag 1946

1976–1989

Erich Honecker

Okt. bis Dez. 1989

Egon Krenz

Von Dezember 1989 bis März 1990 übernahm Manfred Gerlach, Vorsitzender der LDPD (Liberal-Demokratische Partei Deutschlands) die Leitung des Staates. Von April bis Oktober 1990 war Sabine Bergmann-Pohl von der CDU (Christlich-Demokratische Union) als Präsidentin der Volkskammer das letzte amtierende Staatsoberhaupt der DDR.

Erich Honecker

Am 25. August 1912 wurde Erich Honecker in Neunkirchen/Saar geboren. 1929 trat er in die KPD ein. 1937 verurteilten ihn die Nationalsozialisten zu zehn Jahren Haft, nach acht Jahren gelang ihm die Flucht. Nach dem Zweiten Weltkrieg leitete er die FDJ und wurde Mitglied des Zentralkomitees der SED. Von 1976 bis 1989 war er Staatsratsvorsitzender. Am 18. Oktober 1989 wurde er zum Rücktritt gezwungen. Im Januar 1990 kam er in Untersuchungshaft, wurde aber aus gesundheitlichen Gründen entlassen. 1993 stellte man das Verfahren gegen ihn ein. Am 29. Mai 1994 starb er in Santiago de Chile.

»Die Partei hat immer Recht«
Text und Melodie: Louis Fürnberg, Juli 1950

Sie hat uns alles gegeben.
Sonne und Wind und sie geizte nie.
Wo sie war, war das Leben.
Was wir sind, sind wir durch sie.
Sie hat uns niemals verlassen.
Fror auch die Welt, uns war warm.
Uns schützt die Mutter der Massen.
Uns trägt ihr richtiger Arm.

Refrain:
Die Partei, die Partei, die hat immer Recht!
Und, Genossen, es bleibe dabei;
Denn wer kämpft für das Recht,
Der hat immer Recht.
Gegen Lüge und Ausbeuterei.
Wer das Leben beleidigt,
Ist dumm oder schlecht.
Wer die Menschheit verteidigt,
Hat immer Recht.
So, aus Leninschem Geist,
Wächst, von Stalin geschweißt,
Die Partei – die Partei – die Partei.

Sie hat uns niemals geschmeichelt.
Sank uns im Kampfe auch mal der Mut,
Hat sie uns leis nur gestreichelt,
Zagt nicht und gleich war uns gut.
Zählt denn noch Schmerz und Beschwerde,
Wenn uns das Gute gelingt.
Wenn man den Ärmsten der Erde
Freiheit und Frieden erzwingt.

Refrain

Sie hat uns alles gegeben,
Ziegel zum Bau und den großen Plan.
Sie sprach: Meistert das Leben,
Vorwärts, Genossen, packt an.
Hetzen Hyänen zum Kriege,
Bricht euer Bau ihre Macht,
Zimmert das Haus und die Wiege,
Bauleute seid auf der Wacht.

Refrain

»Die Partei hat immer Recht«
1950 komponierte der deutsch-tschechische Dichter Louis Fürnberg dieses Lied anlässlich eines tschechischen Parteitages. Auf dem III. Parteitag der SED trug Ernst Busch das Lied 1950 erstmals in der DDR vor.

Die Partei
Wenn man in der DDR von der Partei sprach, war immer die SED gemeint, obwohl noch andere Parteien existierten. Wenn jemand »in der Partei« war, war er oder sie Mitglied der SED.

Die SED hatte den größten Einfluss in der DDR und bestimmte den politischen Kurs, schließlich war der Führungsanspruch schon im ersten Artikel der Verfassung festgeschrieben.

Der Staatsrat wurde von der Volkskammer bestimmt. Das Zentralkomitee (ZK) war das oberste Organ der SED und das Politbüro war das oberste Organ des Zentralkomitees. Die Volkskammer als Volksvertretung und der Ministerrat als Regierung der DDR waren für die Staatspolitik verantwortlich. Die wichtigsten politischen und wirtschaftlichen Entscheidungen traf jedoch das Politbüro als oberste Vertretung des ZK der SED. Die Beschlüsse setzte die Volkskammer um, die in der Mehrheit aus Parteigenossen bestand.

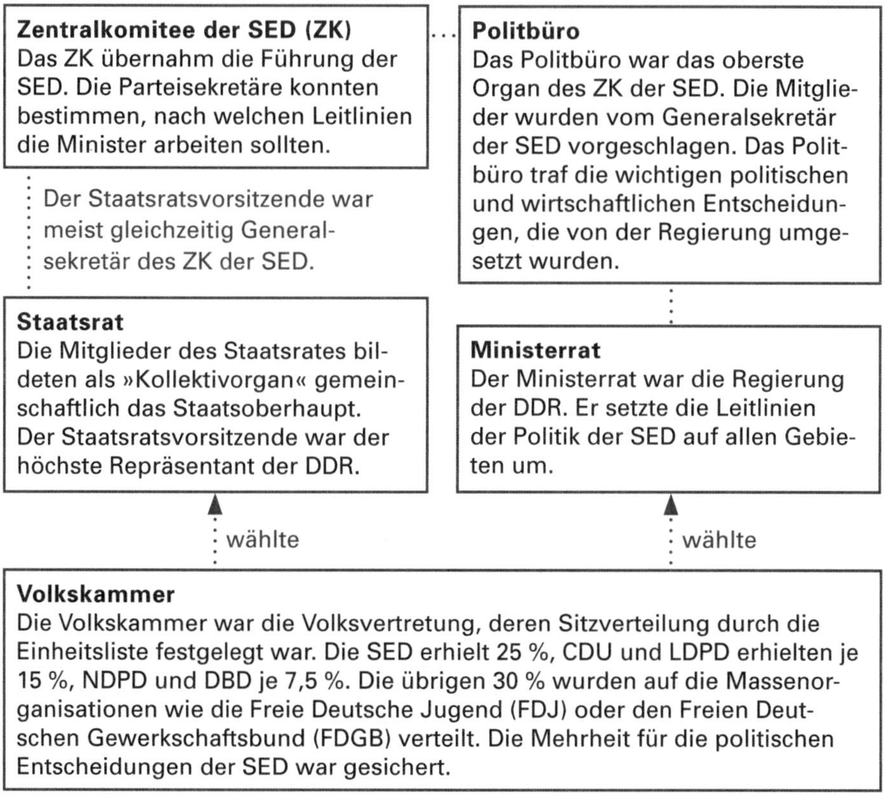

Zentralkomitee der SED (ZK)
Das ZK übernahm die Führung der SED. Die Parteisekretäre konnten bestimmen, nach welchen Leitlinien die Minister arbeiten sollten.

Politbüro
Das Politbüro war das oberste Organ des ZK der SED. Die Mitglieder wurden vom Generalsekretär der SED vorgeschlagen. Das Politbüro traf die wichtigen politischen und wirtschaftlichen Entscheidungen, die von der Regierung umgesetzt wurden.

Der Staatsratsvorsitzende war meist gleichzeitig Generalsekretär des ZK der SED.

Staatsrat
Die Mitglieder des Staatsrates bildeten als »Kollektivorgan« gemeinschaftlich das Staatsoberhaupt. Der Staatsratsvorsitzende war der höchste Repräsentant der DDR.

Ministerrat
Der Ministerrat war die Regierung der DDR. Er setzte die Leitlinien der Politik der SED auf allen Gebieten um.

wählte

wählte

Volkskammer
Die Volkskammer war die Volksvertretung, deren Sitzverteilung durch die Einheitsliste festgelegt war. Die SED erhielt 25 %, CDU und LDPD erhielten je 15 %, NDPD und DBD je 7,5 %. Die übrigen 30 % wurden auf die Massenorganisationen wie die Freie Deutsche Jugend (FDJ) oder den Freien Deutschen Gewerkschaftsbund (FDGB) verteilt. Die Mehrheit für die politischen Entscheidungen der SED war gesichert.

MfS – Ministerium für Staatssicherheit

Als »Schild und Schwert der Partei« bezeichnet, sollte das Ministerium für Staatssicherheit (MfS) den Führungsanspruch der SED garantieren. Am 8. Februar 1950 wurde dieses Ministerium als deutsche Geheimpolizei gegründet und nach dem Vorbild der russischen **Tscheka** aufgebaut. In jeder Dienststelle war ein Bild von **Felix E. Dzierzinsky** zu sehen. Bei der Bevölkerung wurde später die Abkürzung Stasi gebräuchlich.

Zeichen der Staatssicherheit – »Schild und Schwert der Partei«

Schon fünf Jahre zuvor hatte die SMAD Strukturen für diesen polizeistaatlichen Apparat aufgebaut. Menschen, die gegen die Politik in der SBZ protestierten, wurden verfolgt und verhaftet und in die Sowjetunion gebracht. Sie mussten hart in Arbeitslagern arbeiten, viele wurden sogar zum Tode verurteilt. In der SBZ ging man sehr hart gegen politische Gegner vor.

Im Laufe der Jahre wurde das Ministerium für Staatssicherheit systematisch ausgebaut. Aufstände und Demonstrationen, wie sie am 17. Juni 1953 stattfanden, sollten unbedingt schon im Vorhinein verhindert werden.

Es wurden so genannte »Säuberungsaktionen« durchgeführt, um feindlich gesinnte »Elemente« aus den eigenen Reihen zu entfernen. Beim Aufbau des Sozialismus gab es Menschen, die andere Ansichten in Bezug auf die Entwicklung dieses Landes hatten. Sie wurden vielfach aus der Politik ausgeschlossen und konnten keinen Einfluss mehr ausüben.

Tscheka
Tscheka ist die russische Abkürzung für »Außerordentliche Kommission zur Bekämpfung von Konterrevolution und Sabotage«. Diese sowjetische Staatspolizei wurde 1917 gegründet. Sie war Vorbild für das Ministerium für Staatssicherheit der DDR.

Felix E. Dzierzinsky
Er lebte von 1877 bis 1926 in der Sowjetunion und war ab Dezember 1917 Vorsitzender der Tscheka.
Für die Mitarbeiter der Staatssicherheit diente Felix E. Dzierzinsky als Vorbild. Die Mitarbeiter des MfS bezeichneten sich als Tschekisten.

Ein Beispiel ist Wilhelm Zaisser, der erste Chef der Staatssicherheit. Er wurde 1953 aus seinem Amt entlassen und 1954 aus der Partei (der SED) ausgeschlossen. Er erfüllte seine Aufgaben nicht nach den Vorstellungen der DDR-Führungsspitze und wurde durch seinen Ausschluss »mundtot« gemacht.

Erich Mielke – Chef des MfS von 1957 bis 1989

Bis 1961 flüchteten 400 ehemalige Mitarbeiter der Staatssicherheit in den Westen. 120 von ihnen entführte man zurück in den Osten, damit sie keine Geheimnisse an den »Feind« weitergaben. Man wollte außerdem verhindern, dass sie die SED vom Westen aus bekämpften. In den eigenen Reihen suchte man nach Agenten aus dem Westen, um das System gegenüber ausländischer Spionage sicherer zu machen und von feindlichen Spionen zu befreien.

In der Normannenstraße in Berlin errichtete man einen Gebäudekomplex als Zentrale des MfS. In den Bezirksstädten wurden jeweils Stasi-Zentralen als Außenstellen eingerichtet.

Von 1957 bis 1989 hatte **Erich Mielke** sein Büro in der Berliner Normannenstraße, als Chef der Staatssicherheit. In dem Komplex in der Normannenstraße waren auch die zahlreichen Hauptabteilungen des MfS untergebracht. In den Hauptabteilungen hatten die offiziellen Mitarbeiter jeweils verschiedene Funktionen zu erfüllen. Auf den folgenden beiden Seiten sind einige Hauptabteilungen und ihre Aufgaben aufgeführt.

Erich Mielke

Am 28. Dezember 1907 wurde Erich Mielke in Berlin geboren. Nach dem Krieg trat er in die SED ein. Von 1957 bis 1989 leitete er das Ministerium für Staatssicherheit (MfS) und baute dessen Spitzel- und Überwachungssystem weiter aus. Am 7. November 1989 trat er von seinem Amt zurück. Er kam mehrmals in Untersuchungshaft, wurde aber nicht für Taten in der DDR bestraft. Man verurteilte ihn zu sechs Jahren Haft aufgrund zweier Morde im Jahre 1931. Aus gesundheitlichen Gründen wurde er vorzeitig aus dem Gefängnis entlassen; er starb am 21. Mai 2000 in Berlin.

Die Aufgaben einiger Hauptabteilungen des MfS …

Hauptabteilung I
Gewährleistung der funktionellen und personellen Sicherheit der Nationalen Volksarmee und der Grenztruppen

Hauptabteilung II
Aufdeckung und Abwehr geheimdienstlicher Angriffe gegen die DDR auf politischem, ökonomischem und militärischem Gebiet

Hauptabteilung III
Elektronische Funkaufklärung * Aufklärung funkmesstechnischer Nachrichtenmittel gegenüber den NATO-Staaten und Erkennung und Lokalisierung funkelektronischer Spionagemittel * Überwachung der funkmesstechnischen Verbindungen (Richtfunk) zwischen der Bundesrepublik und Westberlin * Überwachung funkmesstechnischer Verbindungen in der BRD / Westberlin (Politiker, politische Parteien, Wirtschaftsführer) * Abwehr funkmesstechnischer Verbindungen im UKW- und Kurzwellenbereich

Hauptabteilung VI
Passkontrolle Tourismus

Hauptabteilung VII
Abwehrarbeit im Ministerium des Innern (MdI) als Dienststelle sowie dem MdI nachgeordnete Einrichtungen

Hauptabteilung VIII
Observation von Personen im Zusammenhang mit der Bearbeitung Operativer Vorgänge des grenzüberschreitenden Reiseverkehrs * Observation von Angehörigen der Militärverbindungsmissionen sowie von bevorrechteten Personen und Korrespondenten * Beobachtungen im Rahmen der politischen Untergrundtätigkeit und des so genannten Politterrorismus: Ermittlungen, Festnahmen, Durchsuchungen, Sicherung der Transitwege (Straße) * Ermittlungen und Beobachtungen im und nach dem Operationsgebiet (Westberlin / BRD)

Hauptabteilung XVII
Besucherbüro Westberlin

Hauptabteilung XVIII

Sicherung der zentralen Objekte des Staatsapparates, Naturwissenschaft und Technik, sowie Ämter und Einrichtungen, die für die Leitung, Planung, Organisation und Durchführung volkswirtschaftlicher Aufgaben, einschließlich Außenhandel * Geheimnisschutz * Schutz spionagegefährdeter Personen und Sachen * Verhinderung und Aufklärung von Bränden, Havarien und Störungen * Aufdeckung von Fällen schwerer Wirtschaftskriminalität * Informationstätigkeit zu volkswirtschaftlichen Prozessen

Hauptabteilung XIX

Organisation und Durchführung der operativen Abwehrarbeit in den Bereichen Verkehrswesen sowie Post- und Fernmeldewesen der DDR

Hauptabteilung XX

Sicherung zentraler staatlicher Organe und Einrichtungen * Unterstützung der Durchsetzung der Jugendpolitik * Abwehrarbeit im Leistungssport der DDR * Verhinderung des Missbrauchs von Kirchen und Religionsgemeinschaften * Abwehrarbeit in zentralen Massenmedien * Unterstützung bei der Durchsetzung der Kulturpolitik der SED * Federführend auf dem Gebiet der Verhinderung und Bekämpfung politischer Untergrundtätigkeit * Vorbereitung und Koordinierung von Maßnahmen zur Sicherung gesellschaftlicher Höhepunkte und Großveranstaltungen

Hauptabteilung XXII

Bearbeitung terroristischer und anderer gewaltorientierter Organisationen, Gruppen und Personen im Operationsgebiet, die gegen die DDR wirksam werden bzw. im Operationsgebiet wirken und von denen Gefahren für die DDR ausgehen könnten * Operative Überwachung bzw. Kontrolle von terroristischen u.a. gewaltorientierten Organisationen, Gruppen und Personen des internationalen Terrorismus und Gewaltgeschehens, einschließlich in nationalen Befreiungsbewegungen, zur Verhinderung des Missbrauchs des Territoriums sowie von Bürgern der DDR

Quelle: www.stasiopfer.de

Hauptamtliche Mitarbeiter

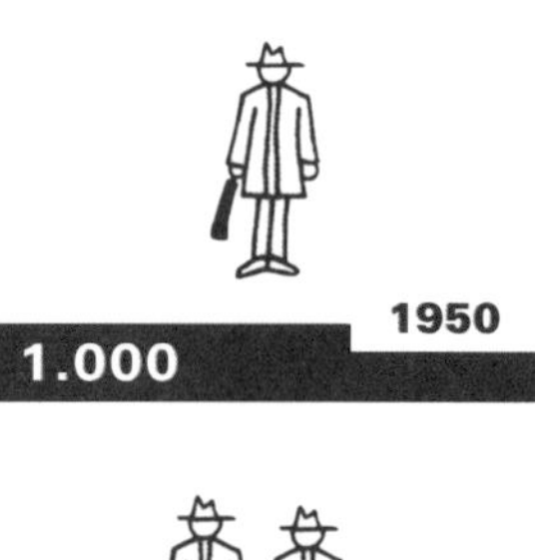

Schreibtisch von Erich Mielke in seinem Büro in der Berliner Normannenstraße

Die Hauptabteilung XIX war für den Bereich Post- und Fernmeldewesen verantwortlich. Die Mitarbeiter für das Fernmeldewesen waren für das Abhören von Telefonen zuständig. Die Mitarbeiter für das Postwesen erfüllten ihre Aufgaben teilweise in den Post- und Paketabfertigungsstellen.

In den Verteilungszentren der Post existierten spezielle Räume für Mitarbeiter der Staatssicherheit. In diesen Räumen durchleuchtete man mit Röntgengeräten Pakete und Briefe, um deren Inhalt zu überprüfen.

Die DDR gab eine strenge Liste heraus, die bestimmte, welche Waren ein Paket von West nach Ost und auch von Ost nach West enthalten durfte. Ein Merkblatt, herausgegeben vom Ministerium für innerdeutsche Beziehungen der BRD, wies die westdeutschen Bürger auf den erlaubten Inhalt hin. Jedes Paket musste mit der Aufschrift »Geschenksendung keine Handelsware« versehen werden.

Wenn die Mitarbeiter des MfS beim Durchleuchten verdächtige Gegenstände entdeckten oder wenn sie vermuteten, dass zum Beispiel die erlaubte Menge für Kaffee überschritten wurde, öffnete ein Mitarbeiter das Paket. Jeder einzelne Schritt wurde fotografisch dokumentiert, damit man das Paket nach der erfolgten Öffnung möglichst originalgetreu wieder zusammensetzen konnte.

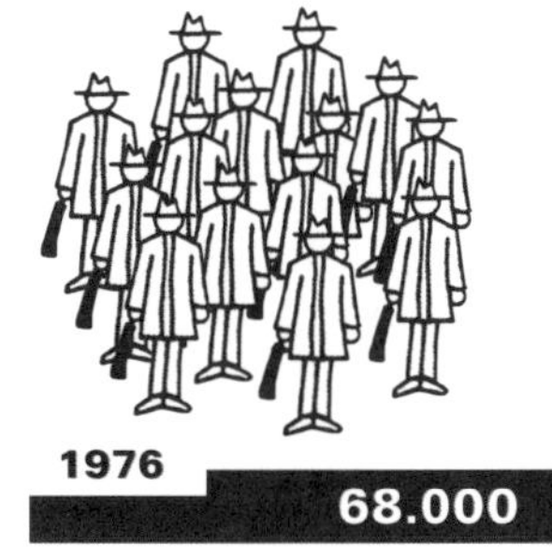

Man suchte zum Beispiel nach D-Mark, deren Versand in den Osten verboten war. Das Geld wurde aus den Paketen und Briefen herausgenommen. Für die DDR war dieses Bargeld eine wichtige Devisenquelle. Wenn die zulässige Menge für Kaffee und Schokolade überschritten wurde, schickte man das Paket an den Absender zurück oder nahm die unerlaubte Menge heraus.

Mit der Postkontrolle sollte außerdem »feindliches« Material abgewehrt werden. Bücher und Zeitschriften mit »anti-demokratischem Charakter« durften nicht in den Osten gesandt werden. Welches Material als »feindlich« oder »anti-demokratisch« eingestuft wurde, bestimmte die Staatssicherheit. Wenn ein westdeutscher Bürger zum Beispiel das politische Wochenmagazin DER SPIEGEL in die DDR versenden wollte, konnte er nicht damit rechnen, dass es beim Empfänger ankam.

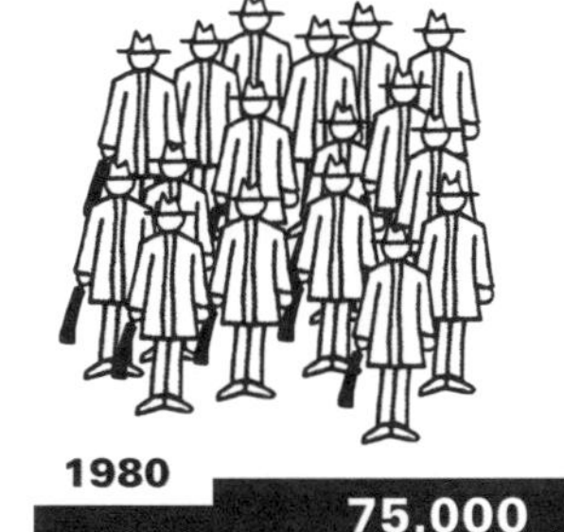

Die Hauptabteilung XVII war für die Besucherbüros in Westberlin zuständig. In diesen Büros mussten Westberliner ihren Antrag für die Einreise nach Ostberlin bzw. in die DDR stellen. Die Mitarbeiter der Staatssicherheit traten jeden Morgen ihren Dienst im »feindlichen« Gebiet an.

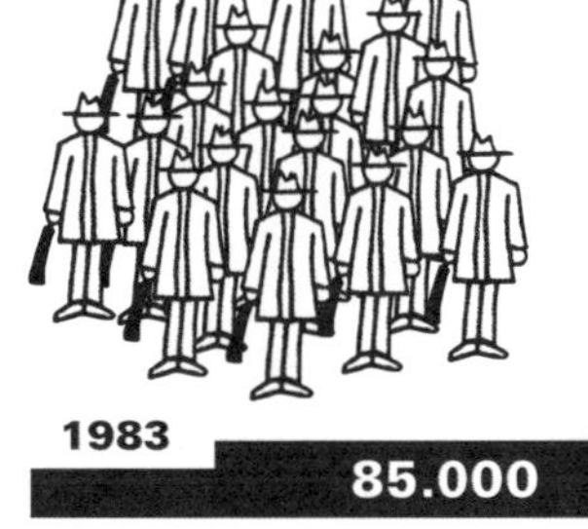

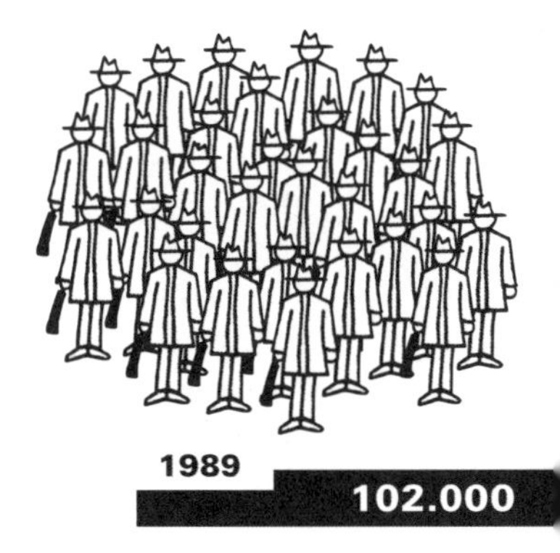

Für die offizielle Mitarbeit bei der Staatssicherheit wurden Schüler schon ab der siebten Klasse angeworben. Den Jungen stellte man eine Laufbahn als Stasi-Offizier in Aussicht.

Um unbemerkt Informationen zu beschaffen, brauchte das MfS inoffizielle Mitarbeiter, die **IMs**. Die Personen, die für einen inoffiziellen Dienst geeignet schienen, wurden von Stasi-Mitarbeitern vorgeschlagen. Die jeweilige Dienststelle lud die betreffende Person zu einem Anwerbungsgespräch ein. Über den Inhalt des Gespräches war absolutes Stillschweigen zu bewahren, egal, ob die Anwerbung erfolgreich war oder nicht. Andernfalls musste die betreffende Person mit Konsequenzen rechnen. Willigte man nicht in eine Zusammenarbeit ein, passierte in der Regel nichts.

Die Aufgabe der inoffiziellen Mitarbeiter bestand darin, Berichte über bestimmte Personen oder Vorgänge anzufertigen. Die IMs erhielten Decknamen, unter denen sie ihre Berichte in **konspirativen** Treffen ablieferten. Die offiziellen Stasi-Mitarbeiter werteten die Informationen aus und legten Akten an. Im Laufe der Jahre wurden etwa 175.000 IMs für die so genannten **Operativen Vorgänge** angeworben.

Das Ministerium für Staatssicherheit unterhielt eigene Untersuchungshaftanstalten für politische Gefangene. In diesen Gefängnissen wurden ebenfalls IMs eingesetzt und angeworben. Wenn der Inhaftierte bereit war, eine Spitzeltätigkeit aufzuneh-

IM
Abkürzung für Inoffizieller Mitarbeiter. Die IMs wurden für eine Spitzeltätigkeit angeworben. Sie bespitzelten Freunde, Bekannte oder Nachbarn und schrieben Berichte. Sie erwarben das Vertrauen der Menschen, um Material zu beschaffen, das eine staatsfeindliche Tätigkeit nachweisen würde.

Konspiration
Das Wort »Konspiration« stammt aus dem Lateinischen und bedeutet Verschwörung.
Die Stasi hatte konspirative Wohnungen, in denen konspirative Treffen mit den IMs stattfanden. Diese gaben bei solchen Treffen ihre Berichte an die Stasi-Mitarbeiter weiter.

men, stellte man ihm die Entlassung und Privilegien in Aussicht. Man versuchte zum Beispiel, inhaftierte Bürgerrechtler zum Verrat an den eigenen Freunden zu bewegen, um gegen Bürgerrechtsbewegungen vorzugehen. Wer nicht zur Zusammenarbeit bereit war, musste mit verschärften Haftbedingungen rechnen.

Ein Grund, warum man in Untersuchungshaftanstalten der Staatssicherheit inhaftiert wurde, war zum Beispiel die versuchte Republikflucht. Einige Schriftsteller, die versuchten, ihre Bücher im Westen zu veröffentlichen, wurden ebenfalls inhaftiert. Bürgerrechtler, die sich öffentlich mit Flugblättern oder Zeitschriften für eine Demokratie in der DDR einsetzten, wurden zum Teil in den Haftanstalten festgehalten. Die politischen Gefangenen wurden meist wegen »staatsfeindlicher Hetze« verurteilt, allerdings erst nach Monaten der Einzelhaft und stundenlangen Verhören. Die Häftlinge sollten **»auf Linie gebracht«** werden.

Politische Gefangene konnten auf einen Häftlingsfreikauf hoffen, der auf Initiative der BRD ab 1963 eingeführt wurde. Bis 1989 wurden 33.755 politische Häftlinge freigekauft. Als Gegenleistung wurden bis zu 40.000 DM pro Häftling an die DDR ausgezahlt oder Waren im selben Wert geliefert, an Weihnachten zum Beispiel Apfelsinen.

Genauso wie die Pakete nicht unbesehen die Grenze passierten, beobachtete man den Grenzverkehr und die innerdeutsche Grenze bis ins kleinste Detail.

Operativer Vorgang (OV)
»Wer ist wer?« – diese Frage versuchte die Staatssicherheit mit der Operativen Personenkontrolle (OPK) zu klären. Die Ergebnisse der angestellten Untersuchungen wurden in den Akten der jeweiligen Dienststellen gesammelt. Diesen Prozess bezeichnete man als Operativen Vorgang.

»Auf Linie bringen«
Wenn jemand eine Meinung hatte, die der Staatsmacht nicht gefiel, versuchte man ihn zu überzeugen, dass seine Meinung falsch sei. Man versuchte zunächst mit Argumenten zu überzeugen; wenn das nicht gelang, setzte man die Person unter Druck.

Grenzsicherung

Um den »Grenzdurchbruch« von fluchtwilligen DDR-Bürgern zu verhindern, wurden zahlreiche Maßnahmen zur Grenzsicherung unternommen. Offiziell sprach man vom »antifaschistischen

Es gab verschiedene Mauergenerationen. Die Mauerhöhe betrug zwischen 2,40 m und 4,20 m.

Innerdeutsche Grenze

Grenzlänge:	1378,1 km
Metallgitterzaun (MGZ):	1265 km
Grenzsperr- und Signalzaun (GSSZ):	1185,7 km
Hundelaufanlagen:	71,5 km
Betonsperrmauern:	29,1 km
Kfz-Sperrgräben:	829,2 km
Kolonnenweg:	1339,1 km
Lichtsperren (Bogenlampen):	232,4 km
Erdbunker/Unterstände am MGZ:	425
Erdbunker/Unterstände am GSSZ:	48
Beobachtungstürme am MGZ aus Beton:	529
Beobachtungstürme am GSSZ:	49
Beobachtungstürme aus Holz oder Stahl:	155
Selbstschussanlagen *(bis Nov. 1984)*:	ca. 60.000 Stück auf 339,1 km
Minenfelder *(1985)*:	54,4 km

(Stand: 30.06.89)

Schutzwall« gegen den westlichen »Feind«. Doch eigentlich sollten DDR-Bürger an der Flucht in den Westen gehindert werden. Öffentlich durfte man diesen Gedanken nicht äußern.

Grenze zwischen West- und Ostberlin sowie dem Berliner Umland

Grenzlänge zw. West- und Ostberlin:	43,1 km
Grenzlänge zw. Westberlin und dem Umland:	111,9 km
Betonplattenwand mit Rohrauflage (Mauer):	106 km
Metallgitterzaun (MGZ):	66,5 km
Grundstücksmauern:	0,5 km
Beobachtungstürme:	302
Bunker:	20
Hundelaufanlagen:	259
Kfz-Sperrgräben:	105,5 km
Kontakt- bzw. Signalzaun:	127,5 km
Kolonnenweg:	124,3 km

(Stand: 31.07.89)

Zu Beginn bewachten sowjetische Grenzsoldaten die innerdeutsche **Demarkationslinie** und regelten den Grenzverkehr. Später erfolgte die Sicherung durch die DDR-Grenzpolizei nach sowjetischem Vorbild. Laut einer Polizeiverordnung erfolgte die Errichtung einer etwa fünf Kilometer breiten Sperrzone (**Sperrgebiet**) und es wurde ein zehn Meter breiter Kontrollstreifen eingeführt.

Im Zuge dieser Maßnahmen der Grenzsicherung wurden tausende Bewohner aus dem Grenzgebiet umgesiedelt. Zwischen Mai und Juni 1952 mussten etwa 11.000 Menschen ihre angestammte Heimat verlassen. Sie wurden in die Innenbezirke der Republik umgesiedelt. Der Umzugswagen wurde direkt bestellt, und die Menschen hatten oft nur einen Tag Zeit, um ihre Sachen zu packen. Soldaten und Helfer luden ihr Hab und Gut auf einen LKW. Wer sich weigerte, Haus und Hof zu verlassen, wurde dazu gezwungen und unter Umständen verhaftet. Offiziell bezeichnete man diese Zwangsumsiedlung als »Aktion Grenze«, die Verantwortlichen nannten sie »Aktion Ungeziefer«.

Im Jahr 1961 wurden in der »Aktion Festigung« erneut 3.000 Menschen zwangsweise umgesiedelt. Sie mussten ohne Entschädigung Haus und Hof im Sperrgebiet verlassen und in Neubauwohnungen innerhalb der DDR umziehen, wenn der Staat sie als »unzuverlässige Elemente« einstufte.

Demarkationslinie
Der Begriff »Demarkation« stammt aus dem Französischen und bedeutet Abgrenzung.
Eine Demarkationslinie ist eine vorläufige, von zwei oder mehreren Staaten festgelegte Grenzlinie, die jedoch nicht als feststehende Staatsgrenze angesehen wird.

Sperrgebiet
Das Sperrgebiet an der innerdeutschen Grenze hatte eine Breite von bis zu fünf Kilometern. Es durfte nur mit einer Sondergenehmigung betreten werden. Wer Verwandte im Sperrgebiet besuchen wollte, benötigte eine Besuchserlaubnis.

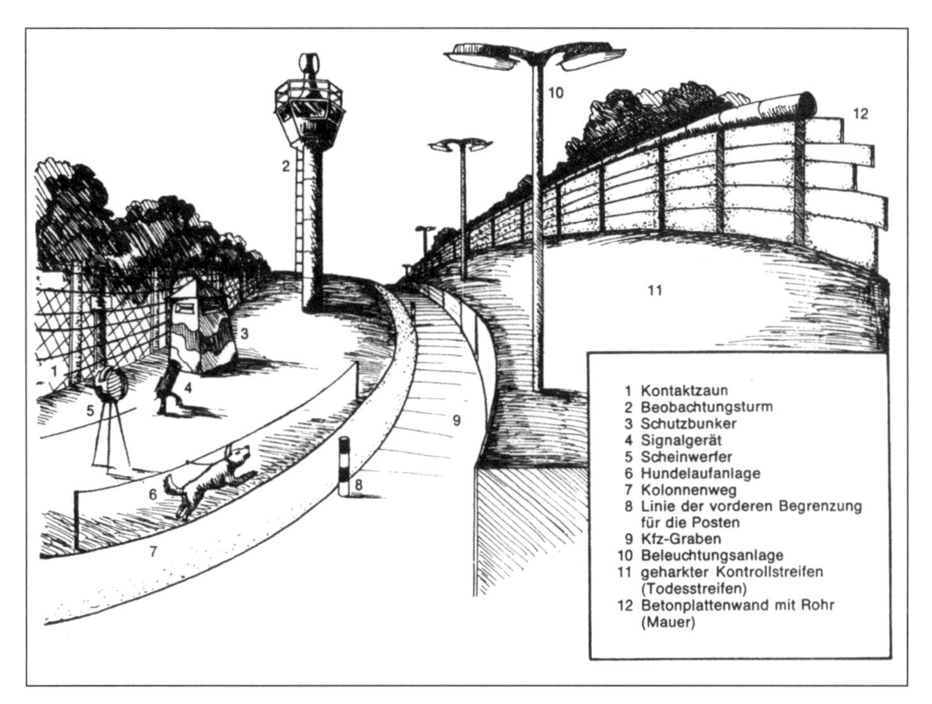

Skizze einer Grenzsicherungsanlage

Die Sicherung der Grenze übernahmen die **Grenztruppen** der DDR. Sie waren nicht der Nationalen Volksarmee (**NVA**) unterstellt, sondern dem Ministerium für Nationale Verteidigung (MfNV).

Grenztruppen
Sie übernahmen die Grenzsicherung an der innerdeutschen Demarkationslinie. Zunächst wurde die so genannte Grenzpolizei als Abteilung der Volkspolizei gebildet. 1976 wurde der Begriff Grenztruppen eingeführt. 1961 wurden sie dem Ministerium für Nationale Verteidigung (MfNV) unterstellt.

NVA
Abkürzung für Nationale Volksarmee. Die NVA wurde am 1. März 1956 gegründet zur Verteidigung der Deutschen Demokratischen Republik. Sie setzte sich aus den Landstreitkräften, Luftstreitkräften und der Volksmarine zusammen. Im Jahr 1962 führte man die allgemeine Wehrpflicht ein.

Beobachtungsturm in Hötensleben

Im Jahre 1958 wurde eine Regelung über den Gebrauch von Schusswaffen an der Grenze zur BRD und zu Westberlin beschlossen. Wenn sich eine Person widerrechtlich der Grenze näherte, musste sie durch Anrufen bzw. durch einen Warnschuss gestoppt werden. Wenn dieses Rufen oder der Warnschuss erfolglos blieben, der vermeintliche Grenzverletzer den 10m-Kontrollstreifen unmittelbar erreichte und keine andere Möglichkeit der Festnahme bestand, konnte von der Schusswaffe Gebrauch gemacht werden. Wenn das Leben des Grenzsoldaten in Gefahr war, konnte er zu seiner Verteidigung ebenfalls von seiner Waffe Gebrauch machen. Diese Schusswaffengebrauchsbestimmung wird als Schießbefehl bezeichnet. Man weiß bis heute nicht genau, wie viele Todesopfer dieser Befehl forderte.

Am 3. April 1989 wurde der Schießbefehl abgeschafft. Die Anweisung lautete folgendermaßen:

»Seit dem 3.4.1989 wurden nach mündlicher Beauflagung durch den amtierenden Minister für Nationale Verteidigung ... alle unterstellten Verbände ... mündlich angewiesen, die Schusswaffe im Grenzdienst (Staatsgrenze zur BRD und zu Berlin/West) zur Verhinderung von Grenzdurchbrüchen nicht mehr anzuwenden.«

Die DDR-Bürger sollten um jeden Preis an einer Flucht in den Westen gehindert werden. In Berlin baute man dafür die Mauer immer weiter aus. An der innerdeutschen Grenze gab es eine Mauer nur in grenznahen Orten, sonst wurde ein Metallgit-

Erhaltener Mauerstreifen des Grenzdenkmals Hötensleben in Sachsen-Anhalt

terzaun mit einem elektronischen Warnsystem installiert. Jeweils zwei Grenzsoldaten liefen in unregelmäßigen Abständen an der Grenze entlang, um nach Fluchtwilligen Ausschau zu halten. Die Zeitabstände waren unregelmäßig, damit niemand einen Rhythmus in den Kontrollgängen beobachten konnte.

In den Einheiten der Grenztruppen platzierte die Staatssicherheit natürlich Inoffizielle Mitarbeiter, zur Überwachung der eigenen Grenzsoldaten. Denn es kam immer wieder vor, dass Soldaten in den Westen flüchteten. Das wollte man unbedingt verhindern. Die Staatssicherheit beeinflusste die gesamte Arbeit der Grenztruppe.

Die Staatssicherheit kontrollierte nicht nur die eigenen Soldaten, sondern auch die Menschen im Grenzgebiet. Die Einwohner im Grenzgebiet mussten ihre Leitern festketten, weil Fluchtwillige diese hätten entwenden können. In den Kneipen in Grenznähe wurden Wirte von Mitarbeitern der Staatssicherheit nach dem Weg in Richtung Grenze befragt. Wenn sie nicht gleich die Polizei benachrichtigten, mussten sie mit Konsequenzen rechnen, im schlimmsten Fall mit der Schließung der Kneipe.

Zur Beobachtung der Grenze warb der Staat Freiwillige Grenzhelfer an, die etwa acht bis zwölf Stunden in der Woche Streife liefen. Ihnen war es ebenfalls erlaubt, Grenzverletzer festzunehmen.

Trotz dieser Maßnahmen versuchten jedes Jahr zahlreiche Menschen aus der DDR zu flüchten, zum Teil hatten sie abenteuerliche Einfälle: Eine Familie beobachtete die Grenze und die Windverhältnisse und baute einen Heißluftballon. An der Grenze zur Ostsee paddelten Menschen mit der Luftmatratze oder in einem Schlauchboot los, um ein anderes als das DDR-Ufer zu erreichen. Ein Mann baute sich ein kleines U-Boot, um über Dänemark in die Freiheit zu gelangen. Auch an der innerdeutschen Grenze mussten die Felder bestellt werden, und ab und zu beschlossen die Piloten von Düngeflugzeugen, in Westdeutschland zu landen. Ein Lokführer in Berlin fuhr mit seinem Zug 1961 auf den noch nicht abgebauten Schienen in den Westteil der Stadt; nach diesem Vorfall wurden die Schienen demontiert. Ein Mann wollte sich als Stückgut in einer Kiste nach Schweden verschiffen lassen. Ein anderer versuchte in einer ausgestopften Kuh zu flüchten. In Berlin wurden in den Anfangsjahren nach dem Mauerbau mehrere Tunnel von West nach Ost gebaut; sie verhalfen ganzen Familien zur Flucht. Viele versuchten in umgebauten Autos in den Westen zu gelangen, doch viele wurden dabei entdeckt, da die Staatssicherheit an den Grenzübergängen scharfe Kontrollen durchführte.

Die Grenzübergangsstelle Marienborn, heute befindet sich hier eine Gedenkstätte Deutsche Teilung Marienborn

Untersuchungsgarage in Marienborn

Westdeutsche Reisende, die **Transit** durch die DDR fuhren oder zu Besuch einreisten, wurden natürlich auch an der Grenze kontrolliert. Manche Waren durften nicht ein- oder ausgeführt werden. Die Grenzkontrolleure durchsuchten die Autos nicht nur nach eventuell versteckten Waren, sondern auch nach illegal Mitreisenden. Die Kontrolle der Pässe übernahm die Staatssicherheit. Sie überprüfte, ob die betreffende Person überhaupt einreisen durfte. Prominente DDR-Bürger, die in die BRD übergesiedelt waren, wurden auf der gesamten Transitstrecke durch die DDR von einem Auto der Staatssicherheit verfolgt.

Transit
Als Transit bezeichnet man die Durchreise durch ein Land. Wenn ich z.B. von Frankreich über Deutschland nach Polen fahre, dann ist Deutschland das Transitland. Wenn man früher von Westdeutschland nach Westberlin reisen wollte, musste man die DDR als Transitland durchqueren.

4. *Kapitel*

Wendehals

Der Wendehals ist ein etwa 15 Zentimeter großer Vogel, der Familie der Spechte zugehörig. Sein Gefieder ist rindenfarbig und im Winter zieht er gen Süden.

Im Herbst 1989, mit der politischen Wende in der DDR, kam der Wendehals in Verruf. Die Zahl der Wendehälse stieg in dieser Zeit dramatisch an, gemeint sind allerdings Menschen, die sich politischen Veränderungen zu ihrem eigenen Vorteil schnell anpassen.

Mit dem Mauerfall wurde noch eine völlig neue Art der Spechte geboren, der Mauerspecht. In ihrem Vorkommen äußerst zahlreich, klopften sie Stücke als Souvenirs aus der Berliner Mauer. Heute sind die Mauerspechte längst ausgestorben.

Wahltag

Die Wahlen in der DDR sollten dem Staat einen demokratischen Anschein geben. Auf dem Wahlzettel standen die Kandidaten der **Blockparteien** und der Massenorganisationen, die alle zusammen als **Nationale Front** nominiert waren. Diese Wahlliste wurde als Einheitsliste bezeichnet. Am Wahltag blieben dem Bürger zwei Möglichkeiten: Entweder man faltete den Wahlzettel, ohne in die Wahlkabine zu gehen, warf ihn in die Wahlurne und wählte damit den ganzen Block der Nationalen Front. Oder man lehnte alle Kandidaten ab, dafür musste man in der Wahlkabine jeden einzelnen Namen auf der Liste durchstreichen. Wenn man alle Namen auf einmal durchstrich, war die Stimme ungültig.

Wer in die Wahlkabine ging, um die Einheitsliste durchzustreichen, wurde von der Staatssicherheit registriert, da er offensichtlich mit der Parteilinie und dem sozialistischen System nicht einverstanden war. Jeder Bürger der DDR war unbedingt zur Wahl aufgerufen. Wer nicht zur Wahl ging, bekam eventuell Besuch von der Staatssicherheit und wurde gebeten, bis 18.00 Uhr im Wahllokal zu erscheinen.

Im Mai 1989 schlossen sich **Bürgerrechtler** in einigen Städten und Dörfern der DDR zusammen und verabredeten, am 7. Mai 1989, dem Tag der Kommunalwahlen, bei der Stimmenauszählung in den Wahllokalen anwesend zu sein. Sie zählten per Strichlisten die abgegebenen Stimmen, da sie eine Verfälschung der Wahlergebnisse vermuteten.

Blockparteien
Alle Parteien (SED, CDU, DBD, LDPD, NDPD) und einige Massenorganisationen waren in einem »demokratischen Block« organisiert.
Man sprach von einer Blockpolitik, in der alle Kräfte zu Gunsten einer einheitlichen Wahlliste gebündelt werden sollten.

Nationale Front
»1 Das Bündnis aller Kräfte des Volkes findet in der Nationalen Front des demokratischen Deutschland seinen organisierten Ausdruck.
2 In der Nationalen Front des demokratischen Deutschland vereinigen die Parteien und Massenorganisationen alle Kräfte des Volkes zum

Die von der SED gelenkte Tageszeitung »Neues Deutschland«, veröffentlichte am nächsten Morgen die angeblichen Ergebnisse. Die Bürgerrechtler hatten abweichende Zahlen vorzuweisen und machten den Wahlbetrug öffentlich. In Ostberlin zählte eine Gruppe in ihrem Wahlbezirk 7 Prozent Gegenstimmen, die offizielle Zahl wurde mit 1,15 Prozent angegeben. Die DDR-Bürger empfanden die Wahlergebnisse zwischen 98 und 99,9 Prozent für die Einheitsliste schon lange als falsch.

Wahlergebnisse der gesamten DDR vom 7. Mai 1989,
veröffentlicht am 8. Mai 1989 im »Neuen Deutschland«:
98,77 % Wahlbeteiligung
98,85 % gültige Stimmen für den Wahlvorschlag
1,15 % gültige Stimmen gegen den Wahlvorschlag

Die Bürgerrechtler erstatteten bei der Staatsanwaltschaft Anzeige gegen unbekannt wegen des Verdachts auf Wahlfälschung.

Zuvor hatten Theologen und Mitglieder kirchlicher Friedens- und Umweltgruppen am 7. Mai 1989 öffentlich zur Verweigerung der Wahl aufgerufen. Die Wahlen seien wegen der Einheitsliste nicht demokratisch. Die Regierung würde die wahren Verhältnisse in der Republik verschleiern.

Die Massenflucht des Sommers 1989 beweist, dass viele Menschen mit den Lebensumständen nicht zufrieden waren. Sie entschieden sich in diesem Wahljahr für eine »Abstimmung mit den Füßen«.

gemeinsamen Handeln für die Entwicklung der sozialistischen Gesellschaft …«
Aus: Artikel 3 der Verfassung der DDR von 1968
In der Nationalen Front waren alle Parteien und die Massenorganisationen zusammengefasst.

Bürgerrechtler
In der DDR engagierten sich einige Bürger, um die Politik der SED-Führung zu kritisieren. Die DDR war kein demokratischer Staat und das prangerten sie auf Flugblättern und in Diskussionsrunden an. Die Arbeit der Bürgerrechtler wurde von der DDR-Regierung bekämpft.

Öffnung der österreichisch-ungarischen Grenze

Am 2. Mai 1989 beschloss die ungarische Regierung, den Grenzzaun zu Österreich abzubauen. Die Grenze war damit nicht mehr so streng gesichert, und DDR-Bürger nutzten diese Möglichkeit, um über Österreich in die Bundesrepublik zu flüchten. Tausende vor allem junge Menschen machten sich über die Tschechoslowakei auf den Weg nach Ungarn, um dauerhaft auszureisen. Sie waren bereit, ihre Familie und ihre Freunde zu verlassen, in der Hoffnung auf Freiheit.

Ab dem 15. Juli 1989 flüchteten die ersten DDR-Bürger in die Botschaften der Bundesrepublik Deutschland in Budapest, Warschau und Prag und in die **Ständige Vertretung** in Ost-Berlin. Die Botschaften und die Ständige Vertretung mussten nach kurzer Zeit wegen Überfüllung geschlossen werden. Die Zustände waren katastrophal, man musste Zelte in den Botschaftsgärten aufschlagen.

Am 11. September 1989 öffnete Ungarn die Schlagbäume an der Grenze zu Österreich und innerhalb von drei Tagen flüchteten 15.000 Menschen in die Bundes-republik. Die Situation verschärfte sich, da immer mehr Menschen in die bundesdeutschen Botschaften strömten, um ihre Ausreise zu erzwingen. Am 30. September 1989 verkündete der damalige Außenminister Hans-Dietrich Genscher nach Verhandlungen mit

»Wir wollen raus!«

»Wir wollen raus!«

»Wir wollen raus!«

Ständige Vertretung
Am 21. Juni 1973 trat der Deutsch-Deutsche Grundlagenvertrag in Kraft. Im Artikel acht wurde beschlossen, dass am Sitz der jeweiligen Regierung eine »Ständige Vertretung« eingerichtet wird, anstelle einer Botschaft. Am 2. Mai 1974 nahmen die Vertretungen in Bonn und Ostberlin ihre Arbeit auf.

der Staatsführung der DDR vom Balkon der Prager Botschaft, dass die Flüchtlinge ausreisen dürften.

Die DDR-Regierung stellte für die Ausreise, die über DDR-Gebiet erfolgte, Sonderzüge zur Verfügung. Am Hauptbahnhof in Dresden versuchten tausende Menschen in die völlig überfüllten Züge zu gelangen, dabei kam es teilweise zu gewalttätigen Auseinandersetzungen mit den Sicherheitskräften der DDR.

Flüchtlinge in der Prager Botschaft

Die DDR-Regierung sah dem Flüchtlingsgeschehen nicht tatenlos zu. Sie schloss die Grenze zur Tschechoslowakei und ermöglichte die Ausreise nur noch per Visum. Die Grenzen wurden abgeriegelt und die DDR-Bürger waren wieder in ihrem eigenen Land eingesperrt. Doch am 1. November 1989 musste die Reisesperre in die Tschechoslowakei aufgehoben werden, da die Bürger in den südlichen Bezirken mit Streik drohten. Innerhalb weniger Tage reisten 50.000 Bürger über die Tschechoslowakei in die Bundesrepublik aus. 1989 verließen insgesamt 343.854 Menschen die DDR.

Die Regierung der Tschechoslowakei forderte die DDR auf, eine Lösung für das Problem der Massenflucht über ihren Staat zu finden. Um die Situation zu entschärfen, wurde an einer Reiseregelung gearbeitet. Am 6. November 1989 stellt die Regierung einen Reisegesetz-Entwurf vor, der jedoch nichts Genaues regelte. Die Bevölkerung war damit nicht einverstanden und es kam zu Protesten. Die Ausreisewelle riss nicht ab.

In diesen Tagen überlegten sich andere Bürger, dass die Flucht keine dauerhafte Lösung sein konnte – es konnten schließlich nicht alle ausreisen, weil sie unzufrieden waren. So kam es, meist unter der Führung der Bürgerrechtler, zu ersten Massenprotesten.

Proteste in der Republik

In der gesamten Geschichte der DDR protestierten Menschen gegen die Politik des Staates. Am 17. Juni 1953 gingen die Arbeiter auf die Straße und wurden von sowjetischen Panzern gestoppt. In den folgenden Jahren wurde ein umfassender Staatssicherheitsapparat errichtet, der Proteste im Keim ersticken sollte. Jede Gruppe, von der man annahm, sie könnte sich gegen den Staat stellen, stand unter Beobachtung. Bürgerrechtler wurden verhaftet oder in die Bundesrepublik ausgewiesen, damit sie ihre Protestarbeit in der DDR nicht fortsetzen konnten.

In der Bevölkerung regte sich teilweise Widerstand gegen die Praxis der DDR-Regierung, die anders denkende Menschen nicht zu Wort kommen ließ und einsperrte. Das äußerte sich vor allem in zahlreichen Ausreiseanträgen. Allein im Jahr 1976 stellten über 100.000 Bürger einen Antrag auf ständige Ausreise Sie wollten die Republik nicht verlassen, weil sie sich nach Westdeutschland sehnten, sondern sie sahen für sich in der DDR keine Perspektive. Wer nicht der »Linie« des Staates folgte, musste mit Benachteiligungen oder Repressalien rechnen.

Wolf Biermann am 13. November 1976 bei seinem Konzert in Köln

1976 durfte der Liedermacher **Wolf Biermann** nach einem Konzert in Köln nicht mehr zurück in seine Heimat, die DDR; man warf ihm »staatsfeindliche Hetze« vor. Er wurde einfach »vor die Tür« gesetzt, weil er sich kritisch zu den politischen Verhältnissen in der DDR äußerte.

Wolf Biermann

Am 15. November 1936 wurde Wolf Biermann in Hamburg geboren. 1953 siedelte er in die DDR über. 1960 begann er Lieder und Gedichte zu schreiben und engagierte sich im Theater. Nachdem eine Schallplatte Biermanns in Westdeutschland erschien, erhielt er Auftritts- und Publikationsverbot.

Am 16. November 1976 wurde der Liedermacher ausgebürgert. Die DDR-Regierung warf ihm die Verbreitung feindlicher Propaganda bei einem Konzertauftritt in Köln vor.
Etwa 100 Künstler protestierten mit einem Brief und auch aus der Bevölkerung wurde Kritik laut.

Damals stellten sich viele Künstler auf die Seite von Wolf Biermann, indem sie einen Aufruf gegen die Ausbürgerung formulierten. Daraufhin durften einige Künstler ihren Beruf nicht mehr ausüben. Der Schauspieler Manfred Krug musste in den Westen übersiedeln, da er in der DDR ein Berufsverbot erhielt.

Auch viele Normalbürger waren empört über diese Vorgänge, aber nur wenige trauten sich, ihre Meinung öffentlich zu äußern. Man hatte Angst vor der Staatssicherheit, die Stasi hatte ihre Augen und Ohren schließlich überall. Bürger mussten mit Konsequenzen rechnen, wenn sie sich zu kritisch äußerten. Im Beruf hatte man dann zum Beispiel keine Chancen aufzusteigen und wurde im schlimmsten Fall nur noch für Hilfsarbeiten eingesetzt.

Trotz der **Repressalien** schlossen sich immer wieder Menschen zusammen, um mit Flugblattaktionen und Protestmärschen ihre Unzufriedenheit mit der politischen Führung auszudrücken. In Berlin und anderen Städten gründeten sich **Umweltbibliotheken**, in denen Zeitschriften gedruckt wurden.

Wenn Demonstrationen stattfanden, wurden diese von der Polizei als »widerrechtliche Ansammlung« aufgelöst. Ab 1989 solidarisierten sich stetig mehr Menschen mit den Bürgerrechtlern und trafen in den Kirchen zusammen, um über die Situation im Land zu diskutieren.

Repressalie

Dieses Wort bedeutet Druckmittel. Repressalien waren z.B. Ausbürgerung, Hausarrest, Berufsverbot, Inhaftierung. Die Staatsführung verhängte diese Maßnahmen gegen Kritiker des Regimes. Betroffene waren meist Wissenschaftler, Künstler und Schriftsteller, aber auch kritische Bürger.

Umweltbibliothek in Berlin

Am 2. September 1986 eröffnete die Berliner Umweltbibliothek in der Zionskirchgemeinde. In der Umweltbibliothek druckte man oppositionelle Zeitschriften. 1987 wurden einige Mitglieder verhaftet, doch nach einer großen Solidarisierungsaktion bald wieder freigelassen.

7. Oktober 1989 – 40. Jahrestag der DDR

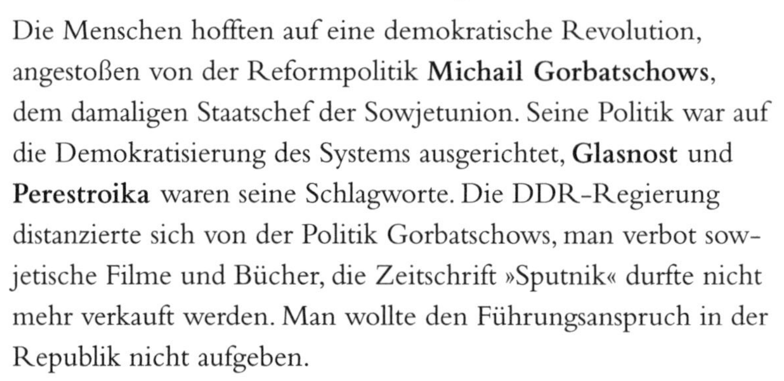

Die Menschen hofften auf eine demokratische Revolution, angestoßen von der Reformpolitik **Michail Gorbatschows**, dem damaligen Staatschef der Sowjetunion. Seine Politik war auf die Demokratisierung des Systems ausgerichtet, **Glasnost** und **Perestroika** waren seine Schlagworte. Die DDR-Regierung distanzierte sich von der Politik Gorbatschows, man verbot sowjetische Filme und Bücher, die Zeitschrift »Sputnik« durfte nicht mehr verkauft werden. Man wollte den Führungsanspruch in der Republik nicht aufgeben.

Michail Gorbatschow

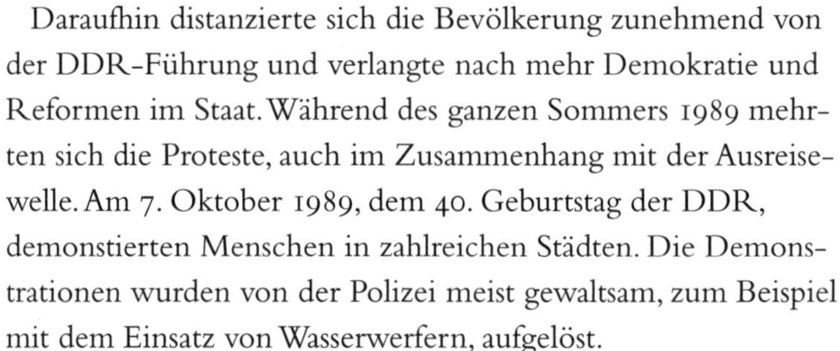

Daraufhin distanzierte sich die Bevölkerung zunehmend von der DDR-Führung und verlangte nach mehr Demokratie und Reformen im Staat. Während des ganzen Sommers 1989 mehrten sich die Proteste, auch im Zusammenhang mit der Ausreisewelle. Am 7. Oktober 1989, dem 40. Geburtstag der DDR, demonstierten Menschen in zahlreichen Städten. Die Demonstrationen wurden von der Polizei meist gewaltsam, zum Beispiel mit dem Einsatz von Wasserwerfern, aufgelöst.

Doch die obersten Parteigenossen feierten den Staatsgeburtstag, als ob nichts wäre. Sie standen auf der gezimmerten Tribüne und winkten den vorbeimarschierenden Soldaten der Militärparade zu. Dies alles wurde vom Fernsehen der DDR live übertragen. Am Abend zuvor war die FDJ auf dem traditionellen Fackelzug durch die Berliner Straßen marschiert.

Michail Gorbatschow
Er wurde am 2. März 1931 in Priwolnoje geboren. Von 1985 bis 1991 war er der Staatschef der Sowjetunion und Vorsitzender der Kommunistischen Partei. Michail Gorbatschow wollte die Sowjetunion reformieren. Dafür prägte er die Begriffe Glasnost und Perestroika.

Glasnost und Perestroika
Glasnost = Öffentlichkeit, d.h. Transparenz politischer Entscheidungen.
Perestroika = Umgestaltung, d.h. Veränderungen in Wirtschaft und Gesellschaft.
Die SED-Führung lehnte diese Maßnahmen für die DDR ab, da sie Angst hatte, ihren Einfluss zu verlieren.

Von den Genossen war kein Wort zu den Vorgängen überall in der Republik zu hören. Doch die Menschen im Land wollten nicht, dass noch länger geschwiegen wurde.

»Der antifaschistische Schutzwall ... wird in 50 und auch in 100 Jahren noch bestehen bleiben.«
Erich Honecker am 19. Januar 1989 anlässlich der Eröffnung des geplanten Thomas-Müntzer-Jahres

Und Michail Gorbatschow, der als Staatsgast zu den Feierlichkeiten angereist war, gab ihnen das Stichwort. »Wer zu spät kommt, den bestraft das Leben«, sagte er an die greisen Staatsmänner der DDR gerichtet. Seine Mahnung verhallte ungehört. Von da an war die Protestbewegung nicht mehr aufzuhalten.

Militärparade am 7. Oktober 1989 in Berlin anlässlich des Staatsgeburtstages

Nikolaikirche und Montagsdemonstrationen

Seit dem 25. Januar 1988 fanden in Leipzig Fürbittgebete statt. Man unterstützte damit die Bürgerrechtler, die in kleinen Gruppen auf die Straße gingen, um für Reformen im Staat einzutreten. Die Kirche öffnete ihre Pforten als Ort der Diskussion. Es versammelten sich Bürgerrechtler und im Lauf des Jahres 1989 zunehmend Menschen, die es in der DDR nicht mehr aushielten und zum Beispiel über ihre Ausreiseanträge berieten.

Die Kirche war Offen für Alle!

Schild an der Nikolaikirche

In der Leipziger Nikolaikirche wurden regelmäßig Diskussionsforen veranstaltet, um den Menschen die Möglichkeit zu geben, ihre Meinung zu äußern. Viele sahen die Situation für sich in der DDR als untragbar an und suchten dennoch im Land nach Lösungen, denn schließlich konnten nicht alle Kritiker des Staates ausreisen. Es gründeten sich politische Gruppen wie das **Neue Forum**, die um ihre Zulassung kämpften.

In den Kirchen versammelten sich immer mehr Menschen zu den Friedensgebeten. In Leipzig schloss sich an jedes Friedensgebet am Montag eine Demonstration an, die Montagsdemonstration. Am 4. September 1989 nahmen etwa 1.000 Menschen, überwiegend Antragsteller auf Ausreise, an der ersten Montagsdemonstration teil.

Am 9. Oktober 1989 fand in Leipzig die bedeutendste Demonstration statt, an der fast 70.000 Menschen teilnahmen. Die

Neues Forum
Im September 1989 gründete sich diese Vereinigung. Sie wollte die DDR politisch mitgestalten. Die Regierung hatte in der Vergangenheit keine neuen politischen Gruppen geduldet. Am 8. November 1989 wurde das Neue Forum zugelassen. Im Bündnis 90 nahm es später an den Neuwahlen teil.

Bündnis 90
Am 7. Februar 1990 schlossen sich das Neue Forum und andere Bürgerrechtsbewegungen zum Bündnis 90 zusammen. Sie nahmen an den Volkskammerwahlen vom 18. März 1990 teil. Im August 1990 vereinigte sich das Bündnis 90 mit den Grünen, jedoch ohne das Neue Forum.

Menschen gingen trotz ihrer Angst vor der Staatsgewalt auf die Straße und zogen über den Leipziger Ring. Die Bezirksleitung hatte jede Menge Sicherheitskräfte zusammengezogen, um die Demonstration gewaltsam aufzulösen. Die Pfarrer der Kirchen und andere Leipziger riefen zum Gewaltverzicht auf. Alle hatten Angst, dass die Situation außer Kontrolle geraten könnte. Die **»Leipziger Sechs«** formulierten in aller Eile folgenden Aufruf:

> »Unsere gemeinsame Sorge und Verantwortung haben uns heute zusammengeführt. Wir sind von der Entwicklung in unserer Stadt betroffen und suchen nach einer Lösung. Wir alle brauchen einen freien Meinungsaustausch über die Weiterführung des Sozialismus in unserem Land. Deshalb versprechen die Genannten allen Bürgern, ihre ganze Kraft und Autorität einzusetzen, dass dieser Dialog nicht nur im Bezirk Leipzig, sondern auch mit unserer Regierung geführt wird. Wir bitten Sie dringend um Besonnenheit, damit der friedliche Dialog möglich wird.«

Die Leipziger Demonstration ging ohne Gewaltanwendung zu Ende. Die Montagsdemonstrationen wurden fortgesetzt, um Reformen im sozialistischen System zu erreichen.

»Leipziger Sechs«
Zu den Leipziger Sechs gehörten Gewandhauskapellmeister Prof. Dr. h.c. Kurt Masur, der Theologe Dr. Peter F. Zimmermann, der Kabarettist Bernd-Lutz Lange und die Sekretäre der Bezirksleitung Leipzig der SED Dr. Kurt Meyer, Jochen Pommert und Dr. Roland Wötzel. Sie trafen sich am Nachmittag des 9. Oktober 1989, um einen Aufruf zur Gewaltlosigkeit zu formulieren. Sie befürchteten, dass die Situation auf der Montagsdemonstration gewaltsam enden könnte. Der Aufruf wurde am Abend in den Kirchen, über den Stadtfunk und auf dem Demonstrationsplatz verlesen.

Montagsdemonstration am 9. Oktober 1989 auf dem Leipziger Ring

Friedensgebet in der Leipziger Nikolaikirche am 30. Oktober 1989

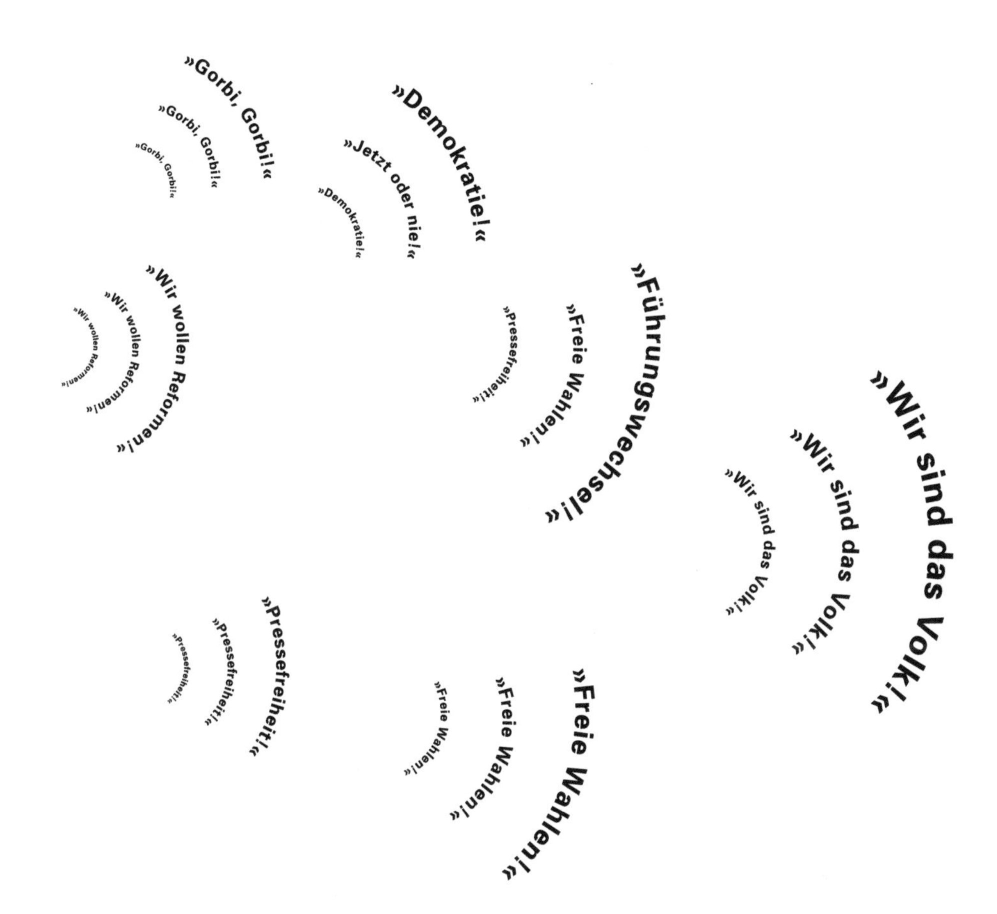
»Gorbi, Gorbi!«
»Gorbi, Gorbi!«
»Gorbi, Gorbi!«
»Demokratie!«
»Jetzt oder nie!«
»Demokratie!«
»Wir wollen Reformen!«
»Wir wollen Reformen!«
»Wir wollen Reformen!«
»Führungswechsel!«
»Freie Wahlen!«
»Pressefreiheit!«
»Wir sind das Volk!«
»Wir sind das Volk!«
»Wir sind das Volk!«
»Pressefreiheit!«
»Pressefreiheit!«
»Pressefreiheit!«
»Freie Wahlen!«
»Freie Wahlen!«
»Freie Wahlen!«

4. November 1989 – Demonstration in Berlin

In zahlreichen Städten gingen die Menschen nun regelmäßig auf die Straße. In Berlin beantragten Schauspieler, Musiker und Künstler am 16. Oktober 1989 eine Genehmigung für eine Demonstration beim Volkspolizeikreisamt Mitte. Sie wollten sich unter dem Motto versammeln, dass die Artikel 27 und 28 der Verfassung der DDR eingehalten werden müssten. Dieses Zusammentreffen am 4. November 1989 in Berlin ging mit etwa einer halben Million Teilnehmer als erste offiziell genehmigte Demonstration in die Geschichte der DDR ein. Zum Abschluss fand eine große Kundgebung auf dem Alexanderplatz statt, die vollständig vom Fernsehen der DDR übertragen wurde. Verschiedene Redner kamen zu Wort, so der Schriftsteller Stefan Heym, die Schriftstellerin Christa Wolf, der Rechtsanwalt Gregor Gysi und Günter Schabowski als Mitglied des ZK der SED. Erich Honecker war zum Zeitpunkt der Kundgebung bereits vom Politbüro zum Rücktritt gezwungen worden. Am 17. Oktober 1989 übernahm Egon Krenz das höchste Amt im Staat.

Artikel 27
1 Jeder Bürger der Deutschen Demokratischen Republik hat das Recht, den Grundsätzen dieser Verfassung gemäß seine Meinung frei und öffentlich zu äußern. Dieses Recht wird durch kein Dienst- oder Arbeitsverhältnis beschränkt. Niemand darf benachteiligt werden, wenn er von diesem Recht Gebrauch macht.
2 Die Freiheit der Presse, des Rundfunks und des Fernsehens ist gewährleistet.

Artikel 28
1 Alle Bürger haben das Recht, sich im Rahmen der Grundsätze und Ziele der Verfassung friedlich zu versammeln.
2 Die Nutzung der materiellen Voraussetzungen zur unbehinderten Ausübung dieses Rechts, der Versammlungsgebäude, Straßen und Kundgebungsplätze, Druckereien und Nachrichtenmittel wird gewährleistet.

Aus: Verfassung der DDR von 1968

Demonstration am 4. November 1989 in Berlin

Liebe Freunde, Mitbürger, es ist, als habe einer die Fenster aufgestoßen nach all den Jahren der Stagnation, der geistigen, wirtschaftlichen, politischen, den Jahren von Dumpfheit und Mief, von Phrasengewäsch und bürokratischer Willkür, von amtlicher Blindheit und Taubheit. Welche Wandlung! Vor noch nicht vier Wochen, die schön gezimmerte Tribüne hier um die Ecke, mit dem Vorbeimarsch, dem bestellten, vor den Erhabenen! Und heute! Heute ihr, die ihr euch aus eigenem freien Willen versammelt habt, für Freiheit und Demokratie und für einen Sozialismus, der des Namens wert ist.

In der Zeit, die hoffentlich jetzt zu Ende ist, wie oft kamen da die Menschen zu mir mit ihren Klagen. Dem war Unrecht geschehen, und der war unterdrückt und geschurigelt worden, und allesamt waren sie frustriert. Und ich sagte: So tut doch etwas! Und sie sagten resigniert: Wir können doch nichts tun. Und das ging so in dieser Republik, bis es nicht mehr ging. Bis sich so viel Unbilligkeit angehäuft hatte im Staate und so viel Unmut im Leben der Menschen, dass ein Teil von ihnen weglief. Die andern aber, die Mehrzahl, erklärten, und zwar auf der Straße, öffentlich: Schluss, ändern. Wir sind das Volk!

Einer schrieb mir – und der Mann hat Recht: Wir haben in diesen letzten Wochen unsere Sprachlosigkeit überwunden und sind jetzt dabei, den aufrechten Gang zu erlernen. Und das, Freunde, in Deutschland, wo bisher sämtliche Revolutionen danebengegangen und wo die Leute immer gekuscht haben, unter dem Kaiser, unter den Nazis, und später auch. Aber sprechen, frei sprechen, gehen, aufrecht gehen, das ist nicht genug. Lasst uns auch lernen zu regieren. Die Macht gehört nicht in die Hände eines einzelnen oder ein paar weniger oder eines Apparats oder einer Partei. Alle müssen teilhaben an dieser Macht. Und wer immer sie ausübt und wo immer, muss unterworfen sein der Kontrolle der Bürger, denn Macht korrumpiert. Und absolute Macht, das können wir heute noch sehen, korrumpiert absolut. Der Sozialismus – nicht der Stalinsche, der richtige –, den wir endlich erbauen wollen zu unserem Nutzen und zum Nutzen ganz Deutschlands, dieser Sozialismus ist nicht denkbar ohne Demokratie. Demokratie aber, ein griechisches Wort, heißt Herrschaft des Volkes.

Freunde, Mitbürger, üben wir sie aus, diese Herrschaft.

Redebeitrag von Stefan Heym am 4. November 1989 in Berlin

Die Menschen verbanden mit der Kundgebung auf dem Alexanderplatz viele Hoffnungen auf Veränderungen der innenpolitischen Verhältnisse. Unterschiedliche Vorstellungen für die zukünftige Entwicklung der DDR wurden diskutiert. In Leipzig fanden auf Initiative des Dirigenten Kurt Masur die Gewandhausgespräche statt. Ursachen für die angespannte Lage im Bezirk Leipzig und Konzepte für sinnvolle Lösungen wurden besprochen. Vor dem Gewandhaus auf dem Karl-Marx-Platz stellte man ein Säule zum Anschlagen von Plakaten für Veranstaltungen auf. Die Bürger hatten sonst keine andere Möglichkeit, sich über die Termine für die Gesprächsforen zu informieren. Diese Säule wurde später als »Säule der Demokratie« bezeichnet.

Stefan Heym bei seiner Rede am 4. November 1989 in Berlin

In diesem Herbst überwanden viele Menschen ihr Schweigen und in allen Städten der Republik traf man sich zu Diskussionsrunden. Alle glaubten an Veränderungen und wirkliche Reformen in der DDR. Die Menschen waren jedoch skeptisch, ob die noch bestehende Regierung zu diesen unbedingt benötigten Reformen fähig sei. Daran glaubte man nicht.

Ein Versuch der Staatsführung, eine neues Reisegesetz einzuführen, scheiterte am 6. November 1989. Der Entwurf musste aufgrund von Protesten der Bevölkerung überarbeitet werden. Am 9. November 1989 wurde eine neue vorläufige Reiseregelung verlesen, allerdings mit schwerwiegenden Folgen.

Stefan Heym

Stefan Heym wurde am 10. April 1913 in Chemnitz geboren. Von 1935 bis 1951 lebte er in Amerika, 1952 siedelte er nach Ostberlin über und wurde einer der bedeutendsten Schriftsteller der DDR. Dennoch erschienen die meisten seiner Werke in der BRD. Sie waren den DDR-Oberen zu kritisch. Nach der Wende engagierte sich Heym in der Politik und wurde Abgeordneter des Deutschen Bundestages. Am 16. Dezember 2001 starb er in Israel.

9. November 1989 – Pressekonferenz

Die meisten DDR-Bürger verfolgten die Ereignisse des Herbstes im Fernsehen. So sahen sie auch die Tagesschau am 9. November 1989 mit der Schlagzeile »DDR öffnet Grenze«.

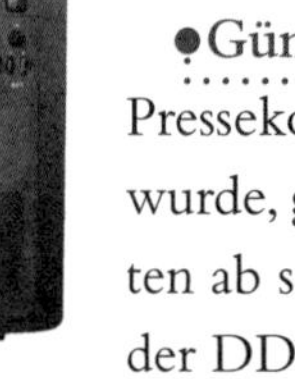

Günter Schabowski, Mitglied des Politbüros, verlas auf einer Pressekonferenz, die vom Fernsehen der DDR live übertragen wurde, gegen 19.00 Uhr das neue Reisegesetz. Laut **ADN** sollten ab sofort Privatreisen in die Bundesrepublik für alle Bürger der DDR möglich sein, vorausgesetzt, sie beantragten ein entsprechendes Visum im zuständigen Volkspolizeikreisamt.

Auf die Nachfrage eines Journalisten, ab wann dieses Gesetz in Kraft treten würde, antwortete Günter Schabowski: »Das tritt nach meiner Kenntnis ... ist das sofort, unverzüglich.«

Damit war die Verwirrung perfekt. Niemand wusste an diesem Abend, was das nun zu bedeuten hatte. Konnte man jetzt einfach so über die Grenze laufen?

Das ZK der SED hatte in der Sitzung eigentlich besprochen, dass sich jeder Bürger ganz ordnungsgemäß am nächsten Morgen einen Stempel für ein Visum abholen müsse. Doch viele Menschen in der gesamten Republik brachen noch am selben Abend in Richtung Grenze auf, um mit eigenen Augen zu sehen, ob die Grenze wirklich »offen« war.

Pressekonferenz am 9. November 1989

ADN
Abkürzung für Allgemeiner Deutscher Nachrichtendienst.
Der ADN war die amtliche Nachrichtenagentur der DDR mit Sitz in Berlin und Außenstellen in den Kreisstädten. Dieser Dienst wurde 1946 in der Sowjetischen Besatzungszone gegründet.

Pressemitteilung
Berlin (ADN)

Wie die Presseabteilung des Ministeriums des Innern mitteilt, hat der Ministerrat der DDR beschlossen, dass bis zum Inkrafttreten einer entsprechenden gesetzlichen Regelung durch die Volkskammer folgende zeitweilige Übergangsregelung für Reisen und ständige Ausreisen aus der DDR ins Ausland in Kraft gesetzt wird:

1. Privatreisen nach dem Ausland können ohne Vorliegen von Voraussetzungen (Reiseanlässe und Verwandtschaftsverhältnisse) beantragt werden. Die Genehmigungen werden kurzfristig erteilt. Versagungsgründe werden nur in besonderen Ausnahmefällen angewandt.

2. Die zuständigen Abteilungen Pass- und Meldewesen der VPKA* in der DDR sind angewiesen, Visa zur ständigen Ausreise unverzüglich zu erteilen, ohne dass dafür noch geltende Voraussetzungen für eine ständige Ausreise vorliegen müssen. Die Antragstellung auf ständige Ausreise ist wie bisher auch bei den Abteilungen Innere Angelegenheiten möglich.

3. Ständige Ausreisen können über alle Grenzübergangsstellen der DDR zur BRD bzw. zu Berlin (West) erfolgen.

4. Damit entfällt die vorübergehend ermöglichte Erteilung von entsprechenden Genehmigungen in Auslandsvertretungen der DDR bzw. die ständige Ausreise mit dem Personalausweis der DDR über Drittstaaten.

Über die zeitweiligen Übergangsregelungen ist die beigefügte Pressemitteilung am 10. November 1989 zu veröffentlichen.

Verantwortlich: Regierungssprecher beim Ministerrat der DDR

* VPKA ist die Abkürzung für Volkspolizeikreisamt

In Berlin strömten bald tausende Menschen zu den Grenzübergangsstellen und forderten, auf die andere Seite zu können. Auch auf der Westberliner Seite machten sich die Menschen auf den Weg, um zu schauen, was nun passieren würde. Jeder wollte »nur mal gucken« gehen.

Bis jetzt waren die Grenzen noch nicht offen, da man ja ein Visum beantragen musste. Die Grenzer hatten keinerlei Anweisung, die Menschen in Richtung Westen durchzulassen. Der Druck der Bevölkerung war enorm, die Straßen in der sonst staufreien Republik waren verstopft und es musste eine Entscheidung getroffen werden. Die obersten Genossen der DDR schienen ratlos, sie hatten erst gegen 21.00 Uhr von dem Ansturm auf die Grenzen erfahren, da das Zentralkomitee bis 20.47 Uhr tagte und nicht gestört werden durfte. Sicherheitskräfte wurden vorsichtshalber alarmiert und zu den Grenzübergangsstellen gefahren. Der neue Staatsratsvorsitzende Egon Krenz versuchte angeblich, Michail Gorbatschow in Moskau zu erreichen, doch aufgrund der Zeitverschiebung war dort schon tiefste Nacht und man wollte Gorbatschow nicht aus dem Bett holen.

Die Menschen hatten wegen der Ereignisse der letzten Wochen auf den Straßen keine Angst mehr vor russischen Panzern, außerdem hatte sich die DDR-Regierung in den letzten Jahren weit von Moskau entfernt.

An den Grenzen herrschte totale Verwirrung und bald auch Unmut. Die Grenzsoldaten wussten nicht, wie sie reagieren sollten, da sie keine Anweisungen »von oben« erhielten.

»Tor auf, Tor auf!«
»Tor auf, Tor auf!«
»Tor auf, Tor auf!«

Am Grenzübergang »Checkpoint Charlie« in Berlin am Abend des 9. November 1989

An der Grenzübergangsstelle Bornholmer Straße in Berlin entschied man gegen 21.30 Uhr, die ersten Bürger nach drüben zu lassen.

In den Tagesthemen der ARD wurde von den ersten Bürgern berichtet, die über die Grenze gehen durften. Später wurden in der gesamten Republik die Übergangsstellen geöffnet. Sektkorken knallten, die Menschen fielen sich in die Arme und waren einfach glücklich …

»Wahnsinn!«

»Wahnsinn!«

»Wahnsinn!«

»Wahnsinn!«

»Wahnsinn!«

»Wahnsinn!«

»Wahnsinn!«

»Wahnsinn!«

»Wahnsinn!«

Grenzübergang »Bornholmer Straße« in Berlin

Die Mauer am Brandenburger Tor in Berlin am Abend des 9. November 1989

Der Mauerfall im Fernsehen

Plötzlich sollte sich alles verändern. Ich sah im Fernsehen die Bilder von Menschen, die jubelnd durch das Brandenburger Tor liefen und feierten, ich verfolgte politische Debatten, in denen heftig über die DDR diskutiert wurde. Welche Zukunft würde diesen Staat erwarten? Und welche Zukunft erwartete mich? Ich fühlte die Verunsicherung meiner Familie, doch ich verstand sie nicht. Niemand erklärte mir die Vorgänge in diesem Land, das es bald nicht mehr geben sollte.

Ich kann mich noch erinnern, wie ich meine Eltern damals nervte, weil ich mich fürchterlich über Erich Honecker aufregte, den ich für alles verantwortlich machen wollte. Meine Eltern sagten, ich solle ihm doch einen Brief schreiben. Das tat ich, ich habe ihn aber niemals abgeschickt.

Im Fernsehen sah ich einen Bericht über die Politiker-Siedlung in **Wandlitz**. Ich empfand es als eine Ungerechtigkeit, dass die DDR-Führungsspitze es sich so gut gehen ließ. Offensichtlich hatten die führenden Genossen darüber vergessen, dass die Menschen im Land auf Reformen drängten. 1989 funktionierte der Staatssicherheitsapparat nicht mehr. Es waren einfach zu viele Menschen, die ihren Unmut öffentlich äußerten.

Wandlitz
In Wandlitz, etwa 30 Kilometer nördlich von Berlin gelegen, wohnten die Mitglieder des Politbüros. Zu dieser Siedlung hatten nur Bedienstete Zutritt. Die Politbüromitglieder konnten in ihrem Laden alle die Produkte erwerben, die man auf den Ladentischen der Republik vergeblich suchte.

»Der Witz mit der Fahne«
Das Emblem der DDR-Flagge müsste folgendermaßen aussehen: ein Kreis mit 40 Äpfeln und in der Mitte eine Kerze. Das bedeutet: Vierzig Jahre haben die uns veräppelt und jetzt geht uns ein Licht auf.

Herr Honecker !

Ich heiße Susanne Fritsche und gehe in die 5. Klasse.

Ich möchte gern ein paar Fragen an sie stellen und ihnen schreiben was ich über sie denke.

Sie sind ein Staatsmann gewesen und hatten ein schwieriges Amt zu erfüllen. Aber als ich hörte das sie wegen Hochverrats angeklagt sind war ich sehr enttäuscht von ihnen und bins noch. Also Herr Honecker ich dachte sie sind ein besserer Mensch. Wie sie und ihre Kollegen uns alle mit Devisen verschuldet haben. Wer soll das alles zahlen können. Doch nicht etwas der Staat? Sie haben das Pech gehabt man hat sie erwischt. Es hätte ja auch Egon Krenz betreffen können. Da stimmt es also wir müßten eine neue Fahne kriegen ein Kreis mit 40 Äpfeln und einer Kerze drin, ich hoffe sie wissen was das heißt. Also nun mal wirklich warum haben sie und ihre Kollegen die DDR so zerfallen lassen warum? Aber sie haben immer gesagt Gerechtigkeit muß sein und nun wird sie erst verwirklicht ja das haben sie nun davon. Am liebsten würde ich sie mit Mindestrente in eine Neubauwohnung stecken aber das reicht noch nicht trotz ihres alters. Was haben sie sich dabei gedacht? Es macht Spaß Krieg zu spielen und viele Menschenleben zu zerstören. Das haben sie sich wohl gedacht. Ich war sehr erschüttert über diese verückten Menschen die das Brandenburger Tor regelrecht zerstörten. Das hätte alles nicht kommen brauchen wenn sie sich nicht dauernd in der Sonne geaalt oder Besuche empfangen hätten. Ich bin wirklich sehr enttäuscht über sie. Enttäuscht ist gar kein Ausdruck mehr. Erst dachte ich sie sind ein guter Mann aber jetzt das habe ich schon längst wieder vergessen trotz ihrer Verdienste.

Denken sie über den Brief mal nach und wenn sie Mut haben schreiben sie zurück.

Susanne Fritsche

Mein Brief an Erich Honecker

Ein Telegramm aus Westberlin

Es war ein bewegter Sommer und es folgte ein unglaublicher Herbst. Jeder wartete ab, was in den nächsten Tagen noch passieren würde, und jeder war überwältigt von den Ereignissen in Berlin und an der innerdeutschen Grenze. Familien und Freunde besuchten sich und lagen sich in diesen Tagen mit Freudentränen in den Armen. Auch für meine Familie sollte das Jahr mit Freudentränen enden.

Am 10. November 1989 erreichte uns ein Telegramm aus Westberlin. Alle waren sehr aufgeregt. Meine Eltern versuchten Visa zu besorgen, die man angeblich an der Grenze noch benötigte. Das war jedoch in so einem kurzen Zeitraum unmöglich, da hunderte Menschen ebenfalls einen Antrag stellten und die Bearbeitung wahrscheinlich einige Monate gedauert hätte. Am 11. November 1989 fuhren wir ohne ein Visum in Richtung Westberlin zu den Verwandten meines Vaters. Wir durften die Grenze ohne Probleme passieren.

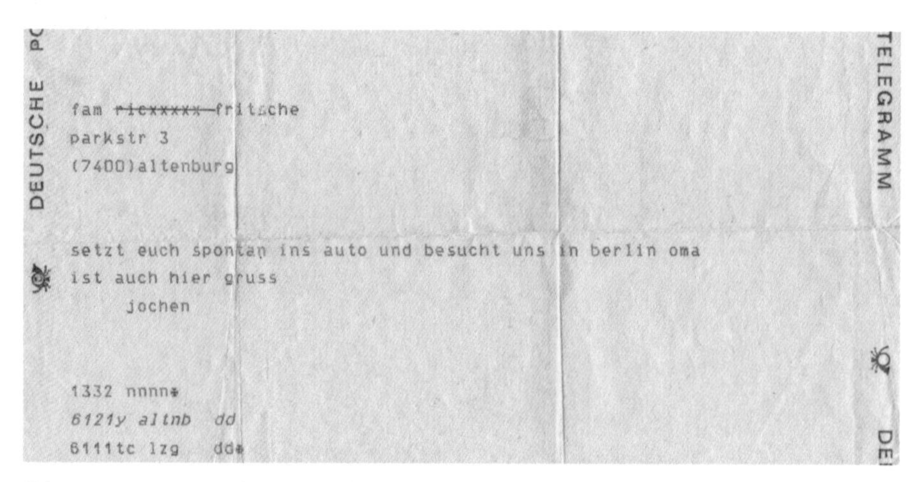
DEUTSCHE PO

TELEGRAMM

fam ~~ricxxxxx~~ fritsche
parkstr 3
(7400)altenburg

setzt euch spontan ins auto und besucht uns in berlin oma
ist auch hier gruss
jochen

1332 nnnn*
6121y altnb dd
6111tc lzg dd*

DE

Telegramm meiner Verwandten aus Westberlin

Als wir am Grenzpolizisten vorbeifuhren, wurde mir zum ersten Mal bewusst, was die DDR-Regierung mit dem Bau der Mauer angerichtet hatte. Mir wollte nicht in den Kopf, wie man ein Volk mit der gleichen Sprache in zwei Teile trennen konnte. Als wir bei unseren Verwandten ankamen, spürte ich bei den Erwachsenen die Erleichterung über die Öffnung des »Eisernen Vorhangs«, aber auch einen Schmerz, den die deutsche Teilung in den 28 Jahren hinterlassen hatte.

Ich war den Menschen in Leipzig dankbar, sie waren zu Tausenden auf die Straße gegangen und hatten meiner Familie diesen Moment ermöglicht.

In diesen Tagen holten sich viele Bürger ihr **Begrüßungsgeld** ab und ich musste wieder in die Schule gehen. Auch dort fand ein Umbruch statt. Vor meiner Schule wurde ein Container aufgestellt, in dem ich plötzlich die Schulbücher fand, mit denen ich vor wenigen Wochen noch gelernt hatte.

Wie ging es nun weiter mit der Deutschen Demokratischen Republik?

Begrüßungsgeld
DDR-Bürger, die in die BRD reisen durften, erhielten einmal im Jahr das Begrüßungsgeld. Seit 26. August 1987 wurden 100 DM ausgezahlt. Nach der Maueröffnung waren die Schlangen vor den westdeutschen Banken ziemlich lang.

Mein erster Zehn-DM-Schein

Auf dem Weg zur Deutschen Einheit

Auf politischer Ebene gab es einige Bewegungen. Am 1. Dezember 1989 strich die Volkskammer den Führungsanspruch der SED aus der Verfassung der DDR. Am 3. Dezember 1989 erklärten das Zentralkomitee der SED und das Politbüro geschlossen ihren Rücktritt. Ab dem 7. Dezember 1989 trafen sich Vertreter der Parteien und der Bürgerbewegungen am **»Zentralen Runden Tisch«**. Man besprach Entscheidungen, die in den nächsten Wochen zu treffen waren, und man bildete Arbeitsgruppen zu verschiedenen Themen, wie zum Beispiel Umwelt, Kultur und Sport. In den Bezirksstädten wurde ebenfalls an »Runden Tischen« beraten.

Am 18. Dezember 1989 fand in Leipzig eine Montagsdemonstration statt, auf der 150.000 Menschen schweigend und mit Kerzen in Händen um den Leipziger Ring zogen. Auf Initiative von Kurt Masur, dem Gewandhauskapellmeister, und Friedrich Magirius, dem Superintendenten der Evangelischen Kirche in Leipzig-Ost und Pfarrer an der Nikolaikirche, verzichteten die Menschen auf Transparente und Losungen, um an die Ereignisse im Herbst dieses Jahres zu erinnern.

Trotz der Grenzöffnung wanderten weiterhin DDR-Bürger nach Westdeutschland ab. Von Anfang Januar bis Ende Mai 1990 verließen 185.000 Menschen die DDR. Auf den Straßen wurde der Ruf nach der deutschen Einheit laut. Aus den Sprechchö-

»Zentraler Runder Tisch«
Der erste »Zentrale Runde Tisch« fand am 7. Dezember 1989 in Ost-Berlin statt. An diesem Tisch saßen Vertreter der Oppositionsgruppen und Vertreter der alten Regierung, um über die demokratische Umgestaltung der DDR zu beraten. Vertreter der Kirche leiteten diese Gespräche.

Zehn-Punkte-Programm
Am 28. November 1989 stellte Helmut Kohl dem deutschen Bundestag sein Zehn-Punkte-Programm vor. Die DDR und die BRD sollten sich langsam annähern, um den deutschen Einigungsprozess in Gang zu setzen.

ren »Wir sind das Volk!« war »Wir sind ein Volk!« geworden. Anfang 1990 fanden in allen Städten die letzten Demonstrationen statt.

Und schon bald klopften die Mauerspechte an der Mauer herum, kleine Mauerteile wurden als Souvenirs verkauft.

Die DDR begann sich sehr schnell zu verändern. Westdeutsche Politiker kamen in Scharen auf die ostdeutschen Marktplätze und warben für ihre Parteien. Der damalige Bundeskanzler Helmut Kohl sprach in seinem **Zehn-Punkte-Programm** von der Annäherung der beiden deutschen Staaten als Voraussetzung für die Einheit.

Der demokratische Wandel in der DDR sollte sich im Jahr 1990 vollziehen. Am 18. März 1990 fanden die ersten freien Volkskammerwahlen statt. Als Gewinner ging die **»Allianz für Deutschland«** mit 48,15 Prozent der Stimmen hervor. Die neu gegründeten Bürgerrechtsbündnisse, die den demokratischen Umschwung angestoßen hatten, konnten nur wenige Wähler überzeugen. Die Menschen legten ihre Hoffnungen in die westdeutschen Politiker und sahen ihre Zukunft in den **Neuen Bundesländern**.

»Allianz für Deutschland«
Diese Allianz bildete sich aus der CDU-Ost, dem Demokratischen Aufbruch (DA) und der Deutsch-Sozialen Union (DSU). Als Vorsitzenden bestimmte man Lothar de Maizière. Die Allianz für Deutschland wurde von der westdeutschen CDU im Wahlkampf unterstützt.

Neue Bundesländer
Am 22. Juli 1990 beschloss die Volkskammer der DDR das Ländereinführungsgesetz. Die 1952 aufgelösten Bundesländer wurden wieder eingeführt. Die neuen Länder sind Brandenburg, Mecklenburg-Vorpommern, der Freistaat Sachsen, Sachsen-Anhalt und der Freistaat Thüringen.

Niemand sprach mehr vom Reformieren des DDR-Systems, die meisten sprachen von »Wir sind ein Volk!«. Mit dem Fall der Mauer und der Öffnung der Grenzen war klar, dass sich Deutschland auf dem Weg zur Einheit befand.

Am 18. Mai 1990 wurde der Vertrag über die Schaffung einer Wirtschafts-, Währungs- und Sozialunion unterzeichnet. Man wollte die Voraussetzungen für den Beitritt der DDR zur Bundesrepublik schaffen. Am 1. Juli 1990 führte man die **Währungsreform** durch und in der gesamten DDR galt nun die D-Mark als Zahlungsmittel.

Die Vereinigung der beiden deutschen Staaten konnte nicht ohne die Erlaubnis der Besatzungsmächte beschlossen werden. Sie mussten gefragt werden, ob sie der Einheit Deutschlands zustimmten. Die Zwei-plus-Vier-Gespräche begannen. Die Alliierten setzten sich mit Vertretern der DDR- und der BRD-Regierung zusammen, um über die Einheit zu beraten. Mit dem Abschluss des **Zwei-plus-Vier-Vertrages** war die außenpolitische Voraussetzung für die Wiedervereinigung geschaffen.

Innenpolitisch hatte man sich schon zuvor geeinigt, mit der Unterzeichnung des **Einigungsvertrags**. Dem **»Tag der Deutschen Einheit«** am 3. Oktober 1990 stand nichts mehr im Wege.

Am 2. Dezember 1990 fanden die ersten gesamtdeutschen Wahlen statt. Die CDU gewann die Wahl und Helmut Kohl wurde der »Kanzler der Einheit«.

Währungsreform
Am 1. Juli 1990 wurde in der DDR die D-Mark eingeführt. Guthaben bis 4000 Mark tauschte man 1:1 um. Bürger ab 60 Jahren konnten 6000 Mark 1:1 umtauschen und Kinder unter 14 Jahren tauschten 2000 Mark 1:1. Höhere Beträge wurden zu einem Kurs von 2:1 umgetauscht.

Zwei-plus-Vier-Vertrag
Am 12. September 1990 unterzeichneten die Außenminister der USA, Großbritanniens, der Sowjetunion, Frankreichs, der BRD und der DDR diesen Vertrag in Moskau. Damit stimmten die Alliierten der Deutschen Einheit zu und verzichteten auf ihre Rechte in den Besatzungszonen.

Offizielle Feier zum »Tag der Deutschen Einheit« am 3. Oktober 1990 vor dem Berliner Reichstag

Die deutsche Einheit war mit vielen wirtschaftlichen Problemen verbunden. Die Maschinen in den meisten Betrieben der ehemaligen DDR waren veraltet, die Produktion war unrentabel. In allen neuen Bundesländern wurden Betriebe geschlossen und viele Menschen verloren ihre Arbeit.

Die Menschen in Gesamtdeutschland fanden auf ihrem Lohnzettel eine neue Abgabe an den Staat, den Solidaritätszuschlag. Der Aufbau Ost würde noch länger dauern. Man sprach von Gewinnern und Verlierern der Einheit. Und bald war das Vorurteil vom typischen Ossi und vom typischen Wessi geboren.

Einigungsvertrag
Am 31. August 1990 wurde der »Vertrag über die Herstellung der Einheit Deutschlands« in Berlin im Palais unter den Linden unterzeichnet. Die DDR bezeichnete man als »Beitrittsgebiet«. Das Grundgesetz der BRD wurde übernommen. Die innerdeutschen Grenzen waren für jeden Bürger frei passierbar.

»Tag der Deutschen Einheit«
Ab dem 3. Oktober 1990 um 0.00 Uhr ist Deutschland wiedervereinigt. Die offizielle Feier fand vor dem Reichstagsgebäude in Berlin statt.

5. *Kapitel*

Seit dem 3. Oktober 1990 ist sie ehemalig, die Deutsche Demokratische Republik. Aus dem Ostdeutschen wurde der Ex-DDR-Bürger, auch Ossi genannt, aus dem Westdeutschen wurde der Wessi. Vielleicht werden die Bezeichnungen Ossi und Wessi irgendwann ebenfalls ehemalig sein, wie ich ehemaliger Schüler, Turner und Jungpionier bin.

Aufarbeitung

Nach dem Ende der DDR blieben zahlreiche Spuren und Erinnerungen an diese Zeit. Einige Jahre nach der Wende wurde begonnen, diese Spuren zu bewahren und die Vergangenheit aufzuarbeiten.

In den Gedenkstätten zur Deutschen Teilung wird von Republikflüchtlingen erzählt, von den Schwierigkeiten der Menschen, die im Sperrgebiet lebten, oder vom Umsturz im Herbst 1989. In den ehemaligen Stasi-Zentralen geben Ausstellungen einen Einblick in die Arbeitsweise des Staatssicherheitsdienstes. In den ehemaligen Untersuchungshaftanstalten der Staatssicherheit wird an die Opfer des DDR-**Regimes** erinnert. In einigen Museen sammelt man Alltagsgegenstände, wie Eierbecher, Schreibmaschinen oder Rasierapparate. In anderen Museen wird an die geschichtlichen Ereignisse erinnert und die politischen Verhältnisse in der DDR werden erklärt. In Wanderausstellungen erfährt man, wie Agenten aus dem Osten den Westen ausspionierten oder wie die Postkontrolle organisiert war. Doktorarbeiten werden veröffentlicht, zahlreiche Bücher, Filme und Dokumentationen erzählen vom Leben in der DDR, von Alltag oder Repression.

Es gibt sehr unterschiedliche Formen, sich mit Geschichte auseinanderzusetzen. Bei den meisten Menschen in Ost und West besteht heute Einigkeit darüber, dass vor allem das Unrecht nicht vergessen werden darf, das viele Menschen in der DDR erleiden mussten.

Regime
In einem Regime besitzt eine bestimmte politische Klasse oder Gruppe die Vorherrschaft. In einem totalitären Regime richtet sich die Politik gegen einzelne Bevölkerungsgruppen und die Macht wird mit Gewalt erhalten. Gegen Kritiker der Politik wird gewaltsam vorgegangen.

BStU – Bundesbeauftragte für die Stasi-Unterlagen

Anfang Dezember 1989 kamen Gerüchte auf, dass man in den Zentralen der Staatssicherheit mit der Vernichtung von Stasi-Akten begonnen habe, um belastendes Material zu beseitigen. Die Bürgerbewegungen wollten diese Vertuschung der Vergangenheit verhindern und beschlossen, die Staatssicherheitsbehörden zu besetzen.

Am 4. Dezember 1989 wurden in Erfurt, Dresden und Leipzig die ersten Behörden friedlich besetzt. In den Kellerräumen der Stasi-Zentralen befanden sich Aktenvernichtungsmaschinen. Die Mitarbeiter hatten tatsächlich mit der Materialvernichtung begonnen. Die Stahlschränke und die Archive wurden bei der Besetzung von der Polizei versiegelt. In den Behörden fand man Tonnen von Akten, Kilometer von Tonbandmitschnitten privater Telefongespräche, Vorrichtungen zur Öffnung von Briefen oder sogar Verkleidungskoffer. Auf solch einem Koffer befand sich zum Beispiel die Aufschrift »Araber«. Wenn die Leipziger Messe stattfand und sich viele ausländische Gäste in der Stadt aufhielten, verkleideten sich Stasi-Mitarbeiter als Araber und versuchten, in Restaurants und Kneipen unbemerkt Gespräche mitzuhören. Ein weiterer Fund waren die Geruchsproben von politischen Häftlingen. Mit Hilfe dieser Geruchskonserven sollten Schäferhunde die betreffende Person in einer Menschenmenge ausfindig machen. Bis heute ist nicht ganz klar, wie sich die Staatssicherheit den Einsatz dieser Proben vorstellte.

In Berlin besetzten aufgebrachte Bürger am 15. Januar 1990 das Hauptgebäude des Ministeriums für Staatssicherheit. Sie stürmten einen Teil des Gebäudekomplexes in der Normannenstraße und ließen ihrer Wut teilweise freien Lauf.

Geruchskonserve – bei Verhören wurden heimlich Staublappen in den Stuhl eingesetzt, die den Schweiß der betreffenden Person aufnahmen. Danach wurden diese Lappen konserviert.

In der Anfangszeit gab es viele Unklarheiten, wie man mit den verbliebenen Akten umgehen sollte. Die Hauptabteilung Aufklärung (HVA), das war die Abteilung für Auslandsspionage, nutzte diese unsichere Lage aus, um das meiste Aktenmaterial zu vernichten.

Dieses Transparent hängten die Besetzer des Archivgebäudes der Staatssicherheit 1990 auf.

In der Volkskammer der DDR wurde die Auflösung des Ministeriums für Staatssicherheit beschlossen. Die Akten sollten in einem Archiv in der BRD gelagert werden. Bürgerrechtler besetzten am 4. September 1990 ein Archiv des ehemaligen MfS, um den Verbleib der Akten in Berlin zu erwirken. Sie forderten klare Festlegungen im Einigungsvertrag über die Verwendung der Stasi-Akten. Mit einem Hungerstreik erreichten sie, dass ein Sonderbeauftragter ernannt und ein Stasi-Unterlagen-Gesetz auf den Weg gebracht wurde. Das Amt des Sonderbeauftragten übernahm **Joachim Gauck**. Im Oktober 1990 nahm die Behörde für die Unterlagen des Staatssicherheitsdienstes der ehemaligen DDR, später Gauck-Behörde genannt, in Berlin und in zahlreichen Außenstellen ihre Arbeit auf.

Mit der Verabschiedung des Stasi-Unterlagen-Gesetzes im Dezember 1991 durch den Deutschen Bundestag wird Joachim Gauck zum Bundesbeauftragten für die Unterlagen des Staatssicherheitsdienstes der ehemaligen DDR (BStU) ernannt. Seit Januar 1992 hat jeder das Recht, einen Antrag auf Einsicht in

Joachim Gauck

Am 24. Januar 1940 wurde Joachim Gauck in Rostock geboren. Von 1958 bis 1965 studierte er Theologie an der Rostocker Universität. Danach war er an verschiedenen Kirchen als Pastor tätig. 1989/90 engagierte er sich in der kirchlichen und politischen Protestbewegung in Rostock. Er war Mitglied beim Neuen Forum. Am 3. Oktober 1990 wurde er von Bundespräsident Richard von Weizsäcker und von Bundeskanzler Helmut Kohl zum »Sonderbeauftragten der Bundesregierung für die personenbezogenen Unterlagen des ehemaligen Staatssicherheitsdienstes« berufen.

1.1 Name(n) und Vorname(n) des Antragstellers | 1.2 Geburtsdatum oder PKZ

Ggf. auch Geburts- und sonstige Namen sowie alle Vornamen (Rufname unterstreichen) | Geburtsort

1.3 Straße und Hausnummer, Postleitzahl, Wohnort | Tel.-Nr. (Angabe freigestellt)

Antrag

Geschäftszeichen (nicht vom Antragsteller auszufüllen)

☐ 2.1 **eines Betroffenen** ☐ 2.2 **eines nahen Angehörigen Vermisster oder Verstorbener** ☐ 2.3 **eines Dritten**

☐ 2.4 **eines Begünstigten** ☐ 2.5 **eines Mitarbeiters des ehemaligen Staatssicherheitsdienstes**

☐ **auf Einsichtnahme** ☐ **auf Auskunft** ☐ 2.6 **auf Herausgabe von Duplikaten (Kopien)**

2.7 Wurde bereits ein Antrag gestellt? ☐ Nein ☐ Ja | Falls bekannt: Geschäftszeichen

3. Wohnanschrift(en) seit dem 18. Lebensjahr (Straße und Hausnummer, Postleitzahl, Wohnort)

4. Nur von nahen Angehörigen Vermisster oder Verstorbener auszufüllen:
Verwandtschaftsverhältnis des Antragstellers zum Vermissten oder Verstorbenen

☐ Ehegatte ☐ Sohn/Tochter | Sonstiges Verwandtschaftsverhältnis

Name(n) und Vorname(n) des Vermissten/Verstorbenen | Geburtsdatum oder PKZ

Letzte Wohnanschrift (Straße und Hausnummer, Postleitzahl, Wohnort) | Geburtsort

Zweck der Auskunft ist glaubhaft zu machen (Ankreuzen reicht nicht aus):

☐ Zur Rehabilitierung Vermisster/Verstorbener ☐ Zum Schutze des Persönlichkeitsrechts Vermisster/Verstorbener ☐ Zur Aufklärung des Schicksals Vermisster/Verstorbener

5.1 Ergänzende Hinweise zum Antrag und zum Auffinden der Unterlagen

5.2 Akteneinsicht wird gewünscht

☐ in Berlin ☐ in der Außenstelle:

5.3 Gründe für besondere Eilbedürftigkeit der Bearbeitung

☐ Alter des Antragstellers ☐ Abwehr einer Gefährdung des Persönlichkeitsrechts (*)

☐ Rehabilitierung/Wiedergutmachung ☐ Sonstige Gründe (*)

☐ Politische Verurteilung des Antragstellers

☐ Entlastung vom Vorwurf einer Zusammenarbeit mit dem Staatssicherheitsdienst (*)

* Angaben in Feld 5.1 oder auf gesondertem Blatt

Ort, Datum

(Unterschrift des Antragstellers)

Durchschrift für den Antragsteller

BStU 50-001 01.01

Antrag auf Einsicht in die eigenen Stasi-Unterlagen

die eigenen Stasi-Akten zu stellen. Arbeitgeber des öffentlichen Dienstes erhalten außerdem auf Antrag die Auskunft, ob die Beschäftigten bei der Staatssicherheit tätig waren.

In 40 Jahren wurden vom Ministerium für Staatssicherheit etwa sechs Millionen Akten über einzelne Personen zusammengetragen. Im März 1991 wurde im Archiv der Zentralstelle in Berlin-Lichtenberg begonnen, etwa 17.200 Säcke mit Papierschnipseln zu sichten. Diese zerstörten Akten werden von Mitarbeitern der Behörde in mühevoller Arbeit so weit wie möglich wieder zusammengesetzt. In einem Teilarchiv lagern zum Beispiel etwa zehn Kilometer Aktenmaterial. Bis zum Januar 2003 wurden circa 0,5 Prozent dieser Akten erschlossen und ausgewertet. Einiges Material bleibt für immer vernichtet.

Die Aufgabe des Bundesbeauftragten für die Unterlagen des Staatssicherheitsdienstes der ehemaligen DDR übernahm am 11. Oktober 2000 **Marianne Birthler**.

Es werden sicher noch weitere Nachfolger diesen Dienst antreten, denn es werden noch Jahre vergehen, bis das gesamte Aktenmaterial aufgearbeitet ist.

Marianne Birthler

Am 22. Januar 1948 wurde Marianne Birthler in Berlin geboren. Sie war zunächst im Außenhandel tätig. Seit 1982 arbeitete sie im Kinder- und Jugendbereich der evangelischen Kirche in Berlin. Sie engagierte sich ab 1986 in verschiedenen Oppositionsgruppen. Nach der deutschen Vereinigung war sie Abgeordnete im Deutschen Bundestag für das Bündnis 90/Die Grünen. Seit dem 11. Oktober 2000 arbeitet sie als Bundesbeauftragte für die Unterlagen des Staatssicherheitsdienstes der ehemaligen DDR und tritt somit die Nachfolge von Joachim Gauck an.

Diesen Stempel erhält jede Unterlage und jedes Foto, das von der oder dem Bundesbeauftragten für die Stasiunterlagen (BStU) herausgegeben wird.

Anhang

Museen

AlliiertenMuseum

Clayallee 135
14195 Berlin
www.AlliiertenMuseum.de

Politische und militärische Geschichte der Westmächte in Berlin und Deutschland von 1945 bis 1994

Deutsch-deutsches Museum Mödlareuth

Mödlareuth Nr. 13
95183 Töpen-Mödlareuth
www.moedlareuth.de

Grenzmuseum in einer ehemals geteilten Ortschaft

Deutsch-russisches Museum Berlin-Karlshorst

Zwieseler Straße 4
10318 Berlin
www.museum-karlshorst.de

Deutsch-russische Beziehungen von 1917 bis 1990; vom Zweiten Weltkrieg bis zur DDR-Geschichte

Dokumentationszentrum Alltagskultur der DDR

Erich-Weinert-Allee 3
15890 Eisenhüttenstadt
www.alltagskultur-ddr.de

Umfangreiche Sammlung von Alltagsgegenständen der DDR von Waschmittelverpackungen über Schreibmaschinen bis zum Kinderwagen

Dokumentationszentrum Berliner Mauer

Bernauer Straße 111
13355 Berlin
www.berliner-mauer-dokumentationszentrum.de

Ausstellung zur Geschichte der Berliner Mauer

Erinnerungsstätte Notaufnahmelager Marienfelde

Marienfelder Allee 66–80
12277 Berlin
www.enm-berlin.de

Dokumentation der deutsch-deutschen Fluchtbewegung

Forschungs- und Gedenkstätte Normannenstraße

Ruschestraße 103, Haus 1
10365 Berlin
www.stasi-museum.de

Ausstellung zur Funktion und Arbeitsweise des Ministeriums für Staatssicherheit (MfS) und zu Opposition und Widerstand in der DDR

Gedenkstätte Deutsche Teilung Marienborn

An der Bundesautobahn 2
39365 Marienborn
www.marienborn.de

Grenzmuseum, Grenzübergangsstelle

Informations- und Dokumentationszentrum der Bundesbeauftragten für die Stasi-Unterlagen der ehemaligen DDR

Mauerstraße 38
10117 Berlin
www.bstu.de

Dauerausstellung zur Staatssicherheit der DDR

Mauermuseum »Haus am Checkpoint Charlie«

Friedrichstraße 43–45
10969 Berlin
www.mauer-museum.com

Berliner Nachkriegsgeschichte; Dokumentation von Fluchtgeschichten und dem Mauerfall

Museum in der »Runden Ecke«

Dittrichring 24
04109 Leipzig
www.runde-ecke-leipzig.de

Geschichte, Funktion und Arbeitsweise des Ministeriums für Staatssicherheit (MfS); friedliche Revolution in Leipzig

Museumsbaracke »Olle DDR«

Bahnhofstraße 42
99510 Apolda
www.olle-ddr.de

Umfangreiche Sammlung von DDR-Alltagsgegenständen

Stiftung Gedenkstätte Berlin-Hohenschönhausen

Genslerstraße 66
13055 Berlin
www.gedenkstaette-hohenschoenhausen.de

Geschichte des sowjetischen Speziallagers Nr. 3, des zentralen Untersuchungsgefängnisses in der SBZ sowie der zentralen Untersuchungshaftanstalt des MfS

Zeitgeschichtliches Forum Leipzig

Grimmaische Straße 6
04109 Leipzig
www.hdg/zfl.de

Ausstellung zur Geschichte der DDR. Im Haus der Geschichte in Bonn ist ebenfalls eine Sammlung zum Thema DDR zu finden.

Buchempfehlungen

»Wir bleiben hier!«
Thomas Ahbe, Michael Hofmann, Volker Stiehler
Gustav Kiepenheuer Verlag, Leipzig 1999
Gewandhausgespräche in Leipzig; Chronik der Demonstrationen in der DDR 1989

»Die Berliner Mauer – Geschichte eines politischen Bauwerks«
Thomas Flemming, Hagen Koch
bebra verlag GmbH Berlin-Brandenburg, Berlin 2001
Geschichte der Berliner Mauer

»Die Täter sind unter uns: Über das Schönreden der SED-Diktatur«
Hubertus Knabe
List Taschenbuch, Berlin 2008

»Die Nacht, in der die Mauer fiel: Schriftsteller erzählen vom 9. November 1989«
Renatus Deckert (Hrsg.)
Suhrkamp Verlag, Frankfurt am Main 2009

»Die heile Welt der Diktatur. Alltag und Herrschaft in der DDR 1971–1989«
Stefan Wolle
Ch. Links Verlag, Berlin 2009
Widerspruch zwischen Alltagsleben in der DDR und der SED-Diktatur

»Demokratie jetzt oder nie! Diktatur – Widerstand – Alltag«
Ausstellungskatalog: Zeitgeschichtliches Forum Leipzig (Hrsg.)
Edition Leipzig, Leipzig 2008
Diktatur, Widerstand und Opposition in der SBZ und der DDR

»Deutsche Geschichte von 1871 bis zur Gegenwart: Wie Deutschland wurde, was es ist«
Peter Zolling
dtv *Reihe Hanser*, München 2007

»Deutsche Geschichte erzählt von Manfred Mai«
Beltz & Gelberg, Weinheim 2003

»Weltgeschichte erzählt von Manfred Mai«
Hanser, München 2002

Internet-Links

www.august1961.de
Ereignisse zum Mauerbau

www.blinde-kuh.de
Suchmaschine für Kinder

www.bpb.de
Bundeszentrale für politische Bildung

www.bstu.de
Seite der/des Bundesbeauftragten für Stasi-Unterlagen der ehemaligen DDR

www.chronik-der-mauer.de
Informationen zum Thema Mauerbau

www.chronik-der-wende.de
Schilderung der Ereignisse im Herbst 1989 mit Lexikon

www.ddr-comics.de
Zusammenstellung von Kinder- und Jugendzeitschriften der DDR

www.deutsche-geschichten.tv
Geschichtsportal mit vielen Hintergrund-informationen

www.dhm.de/lemo
Deutsches Historisches Museum; Lemo – Lebendiges Museum online

www.havemann-gesellschaft.de
Informationen, Dossiers und Veranstaltungshinweise

www.jugendopposition.de
Zeitzeugenberichte und Informationen zum Thema Opposition in der DDR

www.nachkriegsmuseen.de
Zusammenfassung vieler Museen zum Thema deutsche Teilung

www.ostseefluchten.de
Informationen zum Thema Flucht

www.sandmaennchen.de
Geschichten vom Sandmann

www.17juni1953.de
Dokumentation zum 17. Juni 1953

www.stiftung-aufarbeitung.de
Webseite der Bundesstiftung Aufarbeitung mit Informationen und Veranstaltungshinweisen

www.zeitzeugenportal8990.de
Zeitzeugenportal der Bundesstiftung Aufarbeitung

Index

Abkürzungen

ADN Allgemeiner Deutscher Nachrichtendienst
BRD Bundesrepublik Deutschland
BStU der/die Bundesbeauftragte für die Stasi-Unterlagen der ehemaligen DDR
CDU Christlich-Demokratische Union
DBD Demokratische Bauernpartei Deutschlands
DDR Deutsche Demokratische Republik
DFF Deutscher Fernsehfunk
DM Deutsche Mark (ehemalige Währung der BRD)
Dtl. Deutschland
EOS Erweiterte Oberschule
EVP Einzelverkaufspreis
FDJ Freie Deutsche Jugend
GUS Gemeinschaft Unabhängiger Staaten
IM Inoffizieller Mitarbeiter
KPD Kommunistische Partei Deutschlands
KSZE Konferenz für Sicherheit und Zusammenarbeit in Europa
LDPD Liberal-Demokratische Partei Deutschlands
LPG Landwirtschaftliche Produktionsgenossenschaft
MDN Mark Deutscher Notenbank
MfS Ministerium für Staatssicherheit
NATO Nordatlantic Treaty Organization (Nordatlantikpakt)
NDPD National-Demokratische Partei Deutschlands
NVA Nationale Volksarmee
POS Polytechnische Oberschule
SBZ Sowjetische Besatzungszone
SED Sozialistische Einheitspartei Deutschlands
SERO Sekundärrohstoffe
SMAD Sowjetische Militäradministration in Deutschland
SPD Sozialdemokratische Partei Deutschlands
Stasi Staatssicherheit
USA United States of America (Vereinigte Staaten von Amerika)
VEB Volkseigener Betrieb

Bildnachweis

ADN-Zentralbild, Berlin: 77 (1. von links); Archiv für Kunst und Geschichte, Berlin: 27; Bundesarchiv, Koblenz: 29, 114 (unten); Bundesbildstelle, Bonn: 101; Deutsche Presseagentur, Hamburg: 105; Ferry/Gamma, Vanves: 119 (kleines Foto links unten); Gerhard Gäbler, Leipzig: 108; G.A.F.F., Berlin (Foto: Erik-Jan Ouwerkerk): 119 (rechts unten); Keystone Pressedienst, Hamburg: 26; Landesbildstelle Berlin: 31; Volker Langhoff, Berlin: 119 (kleines Foto Mitte); Ostkreuz, Berlin (Foto: Harald Hauswald): 111; Punctum (Bertram Kober): 106, 131; Andreas Schoelzel, Berlin: 118; Süddeutscher Verlag/DIZ, München: 30 (links), 76 (2. von rechts), 77 (oben rechts); Ullstein Bilderdienst, Berlin: 30 (rechts) Foto: Alex Waidmann, 77 (2. von links), 102 (Foto: Wildfried Zeckai), 113, 117 (Foto: Gabriele Fromm); Voller Ernst Fotoagentur, München: 19; ZENIT Bildagentur, Berlin (Foto: Paul Langrock): 132

Trotz aller Bemühungen ist es dem Verlag nicht gelungen, sämtliche Rechteinhaber ausfindig zu machen. Wir bitten darum, sich mit dem Verlag in Verbindung zu setzen, damit wir eventuelle Korrekturen bzw. übliche Vergütungen vornehmen können.

Dieses Buch entstand auf der Grundlage meiner Diplomarbeit an der Bauhaus-Universität Weimar vom Sommer 2003.
Herzlichen Dank an Dr. Wolfgang Bock, Michael Falk, Katja Ferchland, Andreas Jaschke, Björn Leder, Annett Liesch, Annett Müller, Frank Müller, Matthias Neuber, Kerstin Plewnia, Prof. Jay Rutherford, Daniel Schmidt, Oliver Schwarzkopf, Katrin Solansky, Daniel Spitzer, Ralf Stehmann und an meine Familie

dtv

Reihe Hanser

**Was Freiheit ist,
begreift man erst,
wenn sie einem fehlt**

ISBN 978-3-423-**65005**-2

Auch als **ebook** erhältlich

Olaf Hintze hatte den Mut, sein Land zu verlassen, als die Flucht aus der DDR noch immer mit Lebensgefahr verbunden war. Er musste gehen, weil man ihn dort nicht das Leben führen ließ, das er führen wollte.

www.dtv-dasjungebuch.de